AF542423

RELATION
DE CE QVI S'EST PASSE' DE PLVS REMARQVABLE AVX MISSIONS DES PERES de la Compagnie de IESVS. EN LA NOVVELLE FRANCE, les années mil six cens soixante six, & mil six cens soixante sept.

Enuoyée au R. P. IACQVES BORDIER *Prouincial de la Prouince de France.*

A PARIS,
Chez SEBASTIEN CRAMOISY ET SEBAST. MABRE-CRAMOISY, Imprimeurs ordinaires du Roy, ruë S. Iacques aux Cicognes.

M. DC. LXVIII.
Auec Priuilege du Roy.

AV REVEREND PERE IACQVES BORDIER,

Provincial de la Compagnie de IESVS dans la Province de France.

MON REVEREND PERE

Pax Christi.

I'enuoye à vostre Reuerence la Relation de ce qui s'est passé depuis vn an, en ce païs. Ce n'estoit rien que guerre l'année derniere : celle-cy a esté toute dans la paix ; les Iroquois estans venus la demander, & leur ayant esté accordée, iusque là mesme que nous nous sommes veus obligés d'y enuoyer des Missionnaires, la porte nous y ayant esté ouuerte à l'Euangile. Ce n'est pas qu'il n'y ait beaucoup à craindre de la perfidie de ces nations barbares, qui n'ayans point de foy en Dieu, seront toûjours sans foy pour les hommes : Mais si les Apostres ne se fussent point engagez parmy les Infideles, que lors qu'ils eurent asseurance de leur vie, ils n'auroient pas remply ce digne nom d'Apostre. En vn mot, la paix auec les Iroquois est assez raisonnable, pour y auoir pû enuoyer prudemment des Predicateurs de l'Euangile: Mais le peril où ils s'exposent est assez grand, afin qu'ils y puissent esperer vn heureux martyre, apres de grandes peines, & de grandes fatigues. D'autres de nos Peres ont esté d'vn autre costé; à l'Orient, à l'Occident, & vers le Nord, pour y porter la foy; vn seul ayant parcouru plus de quinze cents lieuës, y a baptizé trois cents quarante personnes, enfans malades pour la pluspart, & proches de la mort, qui est vn gain asseuré pour le Ciel. Si cette paix est de durée, il y aura beaucoup à trauailler pour Dieu, & beaucoup à souffrir. Nous attendons pour cet effet vn surcroist de secours; de ces cœurs *genereux qui s'animent à la veuë des perils, & qui ne craignent rien, où tout est à craindre: dans la confiance qu'ils ont, que de perdre sa vie au seruice de Dieu, pour le salut des ames, c'est la trouuer heureusement. C'est de la main de vostre Reuerence que nous en esperons le choix. Cependant ie luy demande sa benediction pour tous nos Peres & Freres, et pour moy qui suis le dernier de tous.*

MON REVEREND PERE,

Vostre tres-humble & tres-obeïssant seruiteur en N. S. FRANÇOIS LE MERCIER de la Compagnie de IESVS.

A Kebec le 10. Nouembre 1667.

TABLE DES CHAPITRES.

Extrait du Privilege du Roy.

PAr grace & Privilege du Roy, il est permis à SEBASTIEN CRAMOISY Imprimeur ordinaire du Roy, Directeur de l'Imprimerie Royale du Louvre, & ancien Eschevin de Paris, d'imprimer ou faire imprimer, vendre & debiter vn Liure intitulé, *La Relation de ce qui s'est passé en la Mission des Peres de la Compagnie de Iesus, au Païs de la Nouuelle France, ès années 1666. & 1667.* Et ce pendant le temps de vingt années. Avec defenses à tous Libraires, Imprimeurs, & autres, d'imprimer ou faire imprimer ledit Liure, sous pretexte de déguisement ou changement, aux peines portées par ledit Privilege. Donné à Paris en Ianvier 1667. Signé; par le Roy en son Conseil, MABOVL.

RELATION DE CE QVI S'EST PASSÉ DANS LA NOVVELLE FRANCE aux années 1666. & 1667.

CHAPITRE I.

De l'Estat où se trouue le Canada depuis deux ans.

DEPVIS que le Roy a eu la bonté d'estendre ses soins iusqu'en ce païs, en y faisant passer le Regiment de Carignan Salieres, nous auons veu la face du Canada noblement changée, & nous pouuons dire, que ce n'eſt plus ce païs d'horreurs & de frimats, qu'on depeignoit auparauant auec tant de diſgraces, mais vne veritable Nouuelle France, tant pour la bonté du climat & la fertilité de la terre, que pour les autres commodités de la vie qui ſe decouurent tous les iours de plus en plus.

Autrefois l'Iroquois nous tenoit ſerrés de ſi prés, qu'on n'oſoit pas meſme cultiuer les terres qui eſtoient ſous le canon des forts, bien moins aller découurir au loing les aduantages, qu'on doit attendre d'vn Sol, qui n'a preſque rien de different de la France.

Mais à preſent que la terreur des armes de ſa Majeſté a remply d'effroy ces barbares, & les a reduits à rechercher noſtre amitié, au lieu des ſanglantes guerres dont ils nous moleſtoient inceſſamment ; nous decouurons pendant le calme, qu'elles peuuent eſtre les richeſſes de ce païs, & combien grandes ſont les commodités qu'on s'en doit promettre.

Monſieur de Tracy en eſt allé porter les heureuſes nouuelles au Roy, & apres auoir fait la paix & la guerre en meſme temps, & ouuert la porte à l'Euangile, aux Nations Iroquoiſes. Il nous a quittés auec le regret general de tous ces peuples, laiſſant le pais entre les mains de Monſieur de Courcelles, lequel, comme il a beaucoup contribué de ſon courage au bonheur dont nous iouiſſons; auſſi continuë-t'il auec le meſme zele, à nous en conſeruer la poſſeſſion; & s'eſtant rendu redoutable aux Iroquois, par les marches qu'il a faites en leur pais, il tiendra ces barbares, de gré ou de force, dans les termes de l'açomodement qu'ils ſont venus rechercher icy: & par aduance il nous en fait deſia goûter les douceurs, que nous n'auions point encor iuſqu'a preſent experimentées.

De fait la paix ayant eſté concluë auec toutes les Nations Iroquoiſes, & accordée de la part du Roy, auec de preſſantes inſtances qu'elles ont faites par leurs Ambaſſadeurs, auec leſquels trois Ieſuites ſont retournés pour preſcher le ſaint Euangile, & nourir cette paix chez les Nations d'en bas; alors les Habitans des Colonies ont veu qu'ils pouuoient s'eſtendre au large, & labourer leurs terres, auec vn parfait repos, & vne grande ſeureté, tant à cauſe de cette paix, qu'à cauſe de la continuation des ſoins qu'on prend de garder & augmenter les forts des frontieres, & de les munir de toutes choſes neceſſaires à leur conſeruation, & à celle des Soldats qui les deffendent.

Et c'eſt dans ces veuës, que les premieres penſées de Monſieur Tallon, Intendant pour le Roy en ce païs, furent de s'appliquer auec vne actiuité infatigable, à la recherche des moyens par leſquels il pouroit rendre ce païs floriſant; ſoit en faiſant les épreuues de tout ce que cette terre peut produire, ſoit en eſtabliſſant le negoce, & noüant les correſpondances qu'on peut auoir d'icy, non ſeulement auec la France, mais encor auec les Antilles, Madere, & les autres peuples, tant d'Europe que d'Amerique.

Et il y a ſi bien reüſſi, qu'on met en vſage les peſches de toute nature de poiſſon, qui ſe font tres abondantes dans les riuieres; comme de ſaumons, barbuës, bars, eſturgeons; & meſme ſans ſortir du fleuue, de harangs & de morue, qu'on y fait verte & ſeche, & dont le debit eſt en France de tres-grand profit. On en a cette année fait des eſpreuues, par des Chaloupes, qu'on a enuoyées, & qui ont beaucoup produit.

De cette nature eſt la peſche du Loup-Marin, qui fournit de l'huyle à tout le païs, & donne beaucoup de ſur-abondant, qu'on enuoye en France & aux Antilles. L'eſſay de cette peſche s'eſt faite l'an paſſé, qui en trois ſepmaines de temps, valut, tous frais faits, au ſieur l'Eſpine, prés de huit cens liures, ſeulement pour ſa part.

La pesche du Marsouin blanc, qu'on pretend faire reüssir auec peu de depense, fournira des huyles plus excellentes pour la manufacture, & mesme en plus grande quantité.

Le commerce que Monsieur Tallon proiette de fairo auec les Isles Antilles, ne sera pas l'vn des derniers aduantages de ce païs: & deja pour en conoistre l'vtilité, il fait passer en ces Isles, des cette année, de la morüe verte & seche, du saumon salé, de l'anguille, des pois verts & blancs, de l'huyle de poisson, du merin & des planches; le tout du cru du païs.

Mais comme les pesches sedentaires sont l'ame, & font tout le soûtien du negoce; Il pretend les establir au plustost: & pour en venir à bout, il projette de faire quelque compagnie, pour en faire les premiers eſtabliſſements, & ſouſtenir la deſpenſe de leurs commencements, qui dans vn ou deux ans, donneront des profits merueilleux.

Ces ſoins qui le font vaquer auec tant d'aſſiduité à la recherche des profits, que le fleuue de S. Laurens, & les autres riuieres de ce païs peuuent produire, n'empeſchent pas qu'il ne partage ſes applications, aux émolumens qu'on peut tirer d'vne terre, auſſi feconde en toutes choſes, qu'eſt celle de Canada.

Delà vient, qu'il fait trauailler ſoigneuſement à la decouuerte des Mines, qui ſont apparemment frequentes & abondantes: il fait coupper des bois de toutes ſortes, qui ſe trouuent par tout le Canada, & qui donnent facilité aux François, & aux autres qui viennent s'y habituer, de s'y loger dés leur arriuée: Il fait faire du Merin, pour transporter en France, & aux Antilles; & des Matures, dont il enuoye cette année des essais à la Rochelle, pour seruir à la Marine. Il s'est appliqué de plus, au bois propre à la construction des vaisseaux, dont l'épreuue a esté faite en ce païs, par la bastisse d'vne barque, qui se trouue de bon seruice; & d'vn gros vaisseau, tout prest à estre mis à l'eau.

Outre les grains ordinaires, qui se sont recueillis iusqu'à present, il a fait commencer la culture des chanvres, qui vont se multiplier: de maniere que tout le païs s'en remplira, & pourra non seulement s'en seruir, mais encore en donner beaucoup à la France.

Pour ce qui est du lin, on peut

iuger par l'experience, qu'on en a faït depuis vn an, qu'il produit tres-bien, & se nourrit fort beau.

Il n'est pas iusqu'aux Brebis de France, qui portent ordinairement deux Agneaux, lors qu'elles ont pris vne premiere annee la nourriture de ce païs.

Ie ne parle pas icy de ce qu'on doit esperer des quartiers plus meridionaux du Canada, où l'on a remarqué, que la terre y porte d'elle mesme, les mesmes especes d'arbres & de fruits, que produit la Prouence; aussi se trouue-t'elle sous vn climat, qui a presque la mesme temperature de l'air, & dont la hauteur du Pole n'est pas bien differente.

Nous ne parlons à present, que de ce qui est suruenu de changement en ce païs, depuis l'ariuée des

Trouppes, qui d'elles mesmes ont beaucoup serui à son accroissement, & à se decouurir en plusieurs endroits; sur tout, en la Riuiere de Richelieu, où les forts qui y sont placez de nouueau, voyent autour d'eux des campagnes defrichées, & couuertes de tres-beau bled.

Mais deux choses entr'autres contribuent beaucoup aux desseins qu'on à projetés pour le bien de la Nouuelle France; à sçauoir d'vn costé, les Villages qu'on a formés aux enuirons de Quebec, tant pour le fortifier, en peuplant son voisinage, que pour y receuoir les familles venuës de France, & ausquelles on distribue des terres déja mises en culture, & dót quelques vnes ont esté cette année chargées de bled, pour faire le premier fond de leur ſubſiſtance ; ce qui ſera cy-apres pratiqué auec les meſmes ſoins, qu'on a commencé.

Et de l'autre coſté, les eſtabliſſemens qui ſe font, tant par les Officiers, Capitaines, Lieutenans, & Enſeignes, qui ſe lient au païs par le Mariage, & ſe nantiſſent de belles conceſſions, qu'ils font valoir; que par les Soldats, qui trouuent de bons partis, & s'eſtendent par tout; les vns & les autres reconnoiſſans les aduantages, dont il eſt parlé cy deſſus.

On ne peut omettre, ſans vne extreme ingratitude, la reconnoiſſance qui eſt deuë, tant au Miniſtre de ſa Maieſté, qu'a Meſſieurs de la Compagnie Generale des Indes Occidentales, qui par leurs ſoins & leurs liberalitez, ont vne bonne part au floriſſant eſtat, où ſe trouue à preſent ce pais, & à l'eſtabliſſement des Miſſions, qu'on vera dans toute cette Relation s'eſtendre à plus de 500. lieuës d'icy: pour la ſubſiſtance deſquelles, ces Meſſieurs ne s'épargnent pas. Nous auons veu cette année onze vaiſſeaux mouillés à la rade de Quebec, chargez de toutes ſortes de biens. Nous auons veu prendre terre, à vn grand nombre, tant d'hommes de trauail, que de filles, qui peuplent noſtre colonnie, & augmẽtent nos campagnes. Nous voyons des troupeaux de moutons, & bon nombre de cheuaux, qui ſe nourriſſent fort bien en ce pais, & y rendent de notables ſeruices. Et tout cela ſe faiſant aux frais de ſa Maieſté, nous oblige à reconnoiſtre tous ces effets de ſa bonté Royale, par des vœux & des prieres, que nous adreſſons inceſſamment au Ciel,& dont retentiſſent nos Egliſes, pour la proſperité de ſa perſonne ſacrée, à laquelle ſeule eſt deuë toute la gloire, d'auoir mis ce pais en tel eſtat, que ſi les choſes continuent à proportion de ce qui s'eſt fait depuis deux ans, nous méconnoiſtrons le Canada, & nous verrons nos foreſts, qui ſont déja bien reculées, ſe changer en Villes & en Prouinces, qui pourront vn iour reſſembler en quelque choſe, à celles de France.

Chapitre II.

RELATION DE LA MISSION du ſaint Eſprit aux Outaoüacs, dans le Lac de Tracy, dit auparauant le Lac Superieur.

Iournal du Voyage du Pere Claude Alloüez dans les Pais des Outaoüacs.

IL y a deux ans, & plus, que le Pere Claude Alloüez partit pour cette grande & laborieuſe Miſſion, pour laquelle il a fait en tout ſon voyage, pres de deux mil lieuës, par ces vaſtes forets, ſouffrant la faim, la nudité, les naufrages, les fatigues de iour & de nuit, & les perſecutions des Idolatres : Mais auſſi, à t'il eu la conſolation, de porter le flambeau de la Foy, à plus de vingt ſortes de Nations infideles.

Nous ne pouuons mieux connoiſtre les fruits de ſes trauaux, que par le Iournal qu'il a eſté obligé de dreſſer.

La narration ſera diuerſifiée, par la deſcription des lieux & des Lacs qu'il a parcouru, des couſtumes & des ſuperſtitions des peuples qu'il a viſités, & par diuers incidens extraordinaires & dignes d'eſtre raportés. Voicy comme il commẽce.

Le huitiéme d'Aouſt de l'année 1665. ie m'embarquay aux trois Riuieres, auec ſix François, en compagnie de plus de quatre cents Sauuages de diuerſes nations, qui retournoient en leur pais, apres auoir fait le petit trafic, pour lequel ils eſtoient venus.

Le Diable forma toutes les oppoſitions imaginables à noſtre voyage; ſe ſeruant du faux preiugé qu'ont qu'ont ces Sauuages, que le Baptesme causoit la mort à leurs enfans. Vn des plus considerables, me declara sa volonté, & celle de ses peuples en termes arrogans, & auec menace, de m'abandonner en quelque Isle deserte, si i'osois les suiure dauantage. Nous auions pour lors auancé iusques dans les torrens de la riuiere des prairies, ou le Canot qui me portoit s'estant rompu, me fit aprehender le malheur dont on m'auoit menacé. Nous trauaillons promptement à reparer nostre petit Nauire, & quoy que les Sauuages ne se missent pas en peine, ny de nous aider, ny de nous attendre, nous vsâmes de tant de diligence, que nous les ioignismes vers le long-Sault, apres deux ou trois iours depuis nostre depart.

Mais nostre Canot ayant vne

fois esté brisé, ne pouuoit pas rendre vn long seruice, & nos François déja bien fatiguez, desesperoient de pouuoir suiure les Sauuages tout accoustumés à ces grands trauaux; c'est ce qui me fit prendre resolution de les assembler tous, pour leur persuader de nous receuoir separement dans leurs Canots, leur faisant voir le nostre en si mauuais estat, qu'il nous seroit desormais inutile; Ils s'y accorderent, & les Hurons me promirent de m'embarquer, quoy que auec bien de la peine.

Le lendemain donc, m'estant presenté au bord de l'eau, ils me firent bon accueil d'abord, & me prierent d'attendre tant soit peu, pendant qu'ils prepareroient leur embarquement. Ayant attendu, & ensuitte, m'auançant dans l'eau pour monter en leur Canot, ils me repousserent, me disant qu'il n'y auoit point place pour moy, & aussi tost se mirent à ramer fortement, me laissant tout seul sans apparence d'aucun secours humain: Ie priay Dieu qui leur pardonnast, mais ie ne fus pas exaucé, car ils ont fait depuis nauffrage, & la diuine Majesté se seruit de cet abandonnement des hommes, pour me conseruer la vie.

Me voyant donc tout seul, delaissé en vne terre étrangere, car toute la flotte estoit desia bien loing; i'eu recours à la sainte Vierge, en l'honneur de laquelle nous auions fait vne neufuaine, qui nous a procuré de cette Mere de Misericorde, vne protection toute visible & iournaliere. Pendant que ie la priois, i'aperceu contre toute esperance, quelques Canots, ou estoient trois de nos François: ie les apelay, & ayans repris nostre vieux Canot, nous nous mismes à ramer de toutes nos forces pour attraper la flotte; Mais nous l'auions perdüe de veüe depuis long-temps, & nous ne sçauions où aller, estant tres difficile de trouuer vn petit détour qu'il faut prendre, pour se rendre au portage du Sault aux Chats (c'est ainsi qu'ils nomment cet endroit.) Nous estions perdus, si nous eussions manqué ce detroit; mais il pleut à Dieu par les intercessions de la sainte Vierge, nous conduire iustement, & presque sans y penser, à ce portage, où ayant aperceu encor deux Canots de Sauuages, ie me iettay à l'eau; & ie fus les deuancer par terre, à l'autre costé du portage, ou ie trouuay ſix Canots. Quoy leur dis-je, eſt-ce ainſi que vous abandonnés les François ? ne ſçaués vous pas que ie tiens entre mes mains la voix d'Onnontio, & que ie dois parler de ſa part, à toutes vos nations, par les preſents dont il m'a chargé ? Ces paroles les obligerent à nous aider, enſorte que nous ioigniſmes le gros de la flotte ſur le Midy.

Eſtant debarqué, ie crû en cette extremité, deuoir vſer de tous les moyens les plus efficaces, que ie pû trouuer pour la gloire de Dieu. Ie leur parlay à tous, & les menaçay de la diſgrace de Monſieur de Tracy, dont ie portois la parole. La crainte de deſobliger ce grand Onnontio, fit qu'vn des plus conſiderables d'entr'eux, prit la parole, & harangua fortement,

& long-temps, pour nous persuader le retour. Le malin esprit se seruoit de la foiblesse de cét esprit mécontent, pour fermer le passage à l'Euangile; Tous les autres n'estoient pas mieux intentionnés; de sorte que nos François ayans trouué assés aisement à s'embarquer, personne ne voulut se charger de moy, disans tous que ie n'auois pas ny l'adresse pour ramer, ny les forces pour porter les paquets sur les espaules.

Dans cette desolation, ie me retiray dans le bois, & apres auoir remercié Dieu, de ce qu'il me faisoit connoistre sensiblement le peu de chose que ie suis, j'aduoüay deuant sa diuine Majesté, que ie n'estois qu'vn fardeau inutile sur la terre. Ma priere acheuée, ie retournay au bord de l'eau, ou ie trouuay l'esprit de ce Sauuage, qui me rebutoit auec tant de mépris, tout changé: car de luy mesme, il m'inuita à monter en son Canot; ce que ie fis bien promptement, de peur qu'il ne changeast de resolution.

Ie ne fû pas plutost embarqué, qu'il me mit vn enuiron en main, m'exhortant à ramer, & me disant que c'estoit là vn employ considerable, & digne d'vn grand Capitaine; Ie pris la rame volontiers, & offrant à Dieu ce trauail pour la satisfaction de mes pechez, & pour la conuersion de ces pauures Sauuages, ie me figurois estre vn malfaiteur condamné aux Galeres; & bien que ie fusse tout epuisé, Dieu me donna autant de forces qu'il en falloit pour nager toute la iournée, & souuent vne bonne partie de la nuit; ce qui n'empeſchoit pas, que ie ne fuſſe d'ordinaire l'objet de leurs mépris & de leurs railleries; parceque, que quelque peine que ie priſſe, ie ne faiſois rien en comparaiſon d'eux, qui ſont de grands corps, robuſtes, & tout faits à ces trauaux. Le peu d'eſtat qu'ils faiſoient de moy, fut cauſe, qu'ils me déroboient tout ce qu'ils pouuoient de mes habits: & j'eu grande peine à conſeruer mon chapeau, dont les bords leur paroiſſoient bien propres, pour ſe deffendre des ardeurs exceſſiues du Soleil: & le ſoir, mon Pilote prenant vn bout de couuerture que j'auois, pour s'en ſeruir comme d'oreiller, il m'obligeoit de paſſer la nuit ſans eſtre couuert, que du feuillage de quelque arbre.

Quand la faim ſuruient à ces

incommoditez, c'est vne rude peine; mais qui enseigne bien tost à prendre goust aux racines les plus ameres, & aux viandes les plus pourries. Il a plû à Dieu, me la faire souffrir plus grande aux iours de Vendredy, dont ie le remercie de bon-cœur.

Il fallut s'accoustumer à manger vne certaine mousse qui naist sur les rochers: c'est vne espece de fueille en forme de coquille, qui est tousiours couuerte de chenilles & d'araignées, & qui étant boüillie, rend vn bouillon insipide, noir & gluant, qui sert plustost pour empescher de mourir, que pour faire viure.

Vn certain matin, on trouua vn cerf mort depuis quatre ou cinq iours: ce fut vne bonne rencontre pour de pauures affamés, on m'en presenta; & quoy que la mauuaise odeur empeschast quelques vns d'en manger, la faim me fit prendre ma part: mais i'en eû la bouche puante iusqu'au lendemain.

Auec toutes ces miseres, dans les Saults que nous rencontrions, ie portois d'aussi gros fardeaux que ie pouuois: mais souuent i'y succombois; & c'est ce qui donnoit à rire à nos Sauuages, qui se railloient de moy, & disoient qu'il falloit apeller vn enfant, pour me porter auec mon paquet. Nostre bon Dieu ne m'abandonnoit point tout à fait en ces rencontres, mais il en suscitoit souuent quelques vns, qui touchés de compassion, sans rien dire, me dechargeoient de ma Chapelle, ou de quelque autre fardeau, & m'aidoient à faire le chemin vn peu plus à laise.

Il arriuoit quelques fois qu'aprés auoir bien porté des paquets, & apres auoir ramé tout le iour, & mesme deux ou trois heures dans la nuit, nous nous couchions sur la terre, óu sur quelque rocher sans souper, pour recommencer le iour d'aprés auec les mesmes trauaux. Mais par tout la prouidence Diuine mesloit quelques peu de douceur & de soulagement à nos fatigues.

Nous fûmes prés de quinze iours dans ces peines, & aprés auoir passé le Lac Nipissirinien, lors que nous descendions vne petite Riuiere, nous entendismes des cris lamentables, & des chansons de mort. Nous abordons à l'endroit d'où venoient ces clameurs, & nous vismes huit ieunes Sauuages des Outaoüacs, horriblement bruslés, par vn accident funeste, d'vne étincelle de feu, qui tomba par mesgarde dans vn baril de poudre: Il y en auoit quatre, entre autres, tout grillés, & en danger de mort. Ie les consolay, & les disposay au Baptême, que ie leur eusse conferé, si i'eusse eû le loisir de les voir assés disposés; car nonobstant ce malheur, il fallut tousiours marcher, pour se rendre à l'entrée du Lac des Hurons, qui étoit le rendés-vous de tous ces voyageurs.

Ils s'y trouuerent, le vingt-quatriéme de ce mois, au nombre de cent Canots; & ce fut pour lors qu'ils vaquerent à la guerison de ces pauures bruslés, y employant tous leurs remedes superstitieux.

Ie m'en aperceû bien la nuit suiuante, par le chant de certains Iongleurs; qui remplissoit l'air; & par mil autres ceremonies ridicules, dont ils se seruoient, d'autres firent vne espece de sacrifice au Soleil, pour obtenir la guerison de ces malades: car s'estans assis en rond, dix ou douze, comme pour tenir conseil, sur la pointe d'vn Islet de roche, ils allumerent vn petit feu, auec la fumée duquel ils faisoient monter en l'air des cris confus, qui se terminerent par vne harangue, que le plus vieux & le plus considerable d'entre eux adressa au Soleïl.

Ie ne pouuois souffrir qu'aucune de leurs diuinités imaginaires fut inuoquée en ma presence: & neantmoins ie me voyois tout seul à la mercy de tout ce peuple. Ie balançay quelque temps dans le doute, s'il seroit plus à propos de me retirer doucement, ou de m'oposer à ces superstitions. Le reste de mon voyage depend d'eux, si ie les irrite, le Diable se seruira de leur colere, pour me fermer l'entrée de leur pais, & empescher leur conuersion, d'ailleurs i'auois desia reconnu le peu d'effet que mes paroles auoient sur leurs esprits, & que ie les aigrirois encor dauantage, par mon opposition. Nonobstant toutes ces raisons, ie cru que Dieu demandoit de moy ce petit seruice: I'y vay donc, laissant le succez à sa Diuine prouidence. I'entreprens les plus considerables de ces Iongleurs, & apres vn long discours de part & d'autre, il plût à Dieu toucher le cœur du malade, qui me promit de ne permettre aucunes supertitions pour sa guerison, & s'adressant à Dieu par vne courte priere, il l'inuoqua comme l'autheur de la vie, & de la mort.

Cette victoire ne doit pas passer pour petite, étant remportée sur le Demon, au milieu de son empire, & ou depuis tant de siecles, il auoit esté obey & adoré par tous ces peuples. Aussi s'en ressenti-t'il peu aprés, & nous enuoya le Iongleur, qui comme vn desesperé, crioit autour de nostre cabanne, & sembloit vouloir decharger sa rage sur nos François : Ie priay nostre Seigneur que sa vengeance ne tombast point sur d'autre que sur moy, & ma priere ne fut pas inutile, nous n'y perdîmes que nostre Canot, que ce miserable brisa en pieces.

I'eu en mesme temps le deplaisir, d'aprendre la mort d'vn de ces pauures bruslés, sans que ie le puisse assister: i'espere neantmoins que Dieu luy aura fait misericorde, enſuite des actes de foy & de contrition, & de pluſieurs prieres que ie luy fis faire. La premiere fois que ie le vis qui fut auſſi la derniere.

Vers le commencement de Septembre, apres auoir coſtoyé les riuages du Lac des Hurons, nous arriuons au Sault : c'eſt ainſi qu'on nomme vne demie lieuë de rapides, qui ſe retrouuent en vne belle riuiere, laquelle fait la ionction de deux grands Lacs, de celuy des Hurons & du Lac Superieur.

Cette Riuiere eſt agreable, tant pour les Iſles dont elle eſt entrecoupée, & les grandes bayes dont elle eſt bordée, que pour la peſche & la chaſſe, qui y ſont tres aduantageuſes. Nous allâmes pour coucher en vne de ces Iſles, ou nos Sauuages croyoient trouuer à ſouper des leur arriuée, car en debarquant,

quant, ils mirent la chaudiere ſur le feu, s'attendans de voir le Canot chargé de poiſſons, ſi toſt qu'on auroit ietté la rets à l'eau ; mais Dieu voulut punir leur preſomption, differant iuſqu'au lendemain à donner à manger à des fameliques.

Ce fut donc le ſecond de Septembre, qu'aprés auoir franchi ce Sault, qui n'eſt pas vne chute d'eau, mais ſeulement vn courant tres-violent, empeſché par quantité de rochers, nous entrâmes dans le Lac Superieur, qui portera deſormais le nom de Monſieur de Tracy, en reconnoiſſance des obligations, que luy ont les peuples de ces contrées.

La figure de ce Lac eſt preſque pareille à celle d'vn arc; les riuages du coſté du Sud eſtant fort courbés, & ceux du Nord presque en droite ligne: La pesche y est abondante, le poisson excellent, & l'eau si claire & si nette, qu'on voit iusqu'à six brasses, ce qui est au fond.

Les Sauuages respectent ce Lac comme vne Diuinité, & luy font des sacrifices, soit a cause de sa grandeur, car il a deux cents lieuës de long, & quatre vingt au plus large; soit accause de sa bonté, fournissant du poisson, qui nourrit tous ces peuples, au defaut de la chasse, qui est rare aux enuirons.

L'on trouue souuent au fond de l'eau, des pieces de cuiure tout formé, de la pesanteur de dix & vingt liures: i'en ay veu plusieurs fois entre les mains des Sauuages, & comme ils sont superstitieux, ils les gardent comme autant de diuinités, ou comme des presents que les dieux qui ſont au fond de l'eau, leur ont fait, pour eſtre la cauſe de leur bonheur: C'eſt pour cela, qu'ils conſeruent ces morceaux de cuiure enuelopés parmi leurs meubles les plus pretieux; il y en a qui les gardent depuis plus de cinquante ans; d'autres les ont dans leurs familles de temps immemorial, & les cheriſſent comme des dieux domeſtiques.

On a veu pendant quelque temps, comme vn gros rocher tout de cuiure, dont la pointe ſortoit hors de l'eau; ce qui donnoit occaſion aux paſſans d'en aller coupper des morceaux: Neantmoins lorſque ie paſſay en cet endroit, on n'y voyoit plus rien: Ie croy que les tempeſtes qui ſont icy fort frequentes, & ſemblables à celles de la Mer, ont couuert de ſable ce rocher: Nos Sauuages m'ont voulu perſuader que c'eſtoit vne diuinité, laquelle a diſparu, pour quelque raiſon, qu'ils ne diſent pas.

Aureſte ce Lac eſt l'abord de douze ou quinze ſortes de nations differentes, les vnes venans du Nord, les autres du Midy, & les autres du Couchant; & toutes ſe rendans, ou ſur les riuages les plus propres à la peſche, ou dans des Iſles qui ſont en grand nombre en tous les quartiers de ce Lac. Le deſſein qu'ont ces peuples, en ſe rendant icy, eſt en partie pour chercher à viure, par la peſche; & en partie, pour faire leur petit commerce les les vns auec les autres, quand ils ſe rencontrent. Mais le deſſein de Dieu a eſté de faciliter la publication de l'Euangile, à des peuples errans & vagabonds, ainſi qu'il paroiſtra dans la ſuitte de ce Iournal.

Eſtans donc entrés dans le Lac de Tracy ; nous employâmes tout le mois de Septembre à nauiger ſur les bords qui ſont du coſté du Midy, où i'y eu la conſolation d'y dire la ſainte Meſſe, m'eſtant trouué ſeul auec nos François, ce que ie n'auois pû faire depuis mon depart des trois Riuieres.

Aprés auoir conſacré ces foreſts par cette ſainte action, pour comble de ma ioye, Dieu me conduiſit au bord de l'eau, & me fit tomber ſur deux enfans malades, qu'on embarquoit pour aller dans les terres ; ie fus fortement inſpiré de les baptiſer ; & apres toutes le precautions neceſſaires, ie le fis dans le peril où ie les vis de mourir pendant l'Hyuer : Toutes les fatigues paſſées ne m'eſtoient plus rien ; &

i'estois tout fait à la faim, qui nous suiuoit tousiours de prés, n'ayant à manger, que ce que l'industrie de nos pescheurs, qui n'estoit pas toûjours heureuse, nous pouuoit fournir du iour à la iournée.

Nous passâmes ensuitte la Baye nommée par le feu Pere Menard, de sainte Therese. C'est là où ce genareux Missionnaire a hyuerné, y trauaillant auec le mesme zele, qui luy a fait ensuitte donner sa vie, courant apres les ames: Ie trouuay assés proche de là quelques restes de ses trauaux; C'estoient deux femmes Chrestiennes, qui auoient tousiours conserué la foy, & brilloient comme deux astres au milieu de la nuit de cette infidelité. Ie les fis prier Dieu, aprés leur auoir rafraichi la memoire de nos mysteres.

Le Diable eſt ſans doute bien ialoux de cette gloire qui eſt renduë à Dieu, au milieu de ſes Eſtats, a faiẗ ce qu'il a pû pour m'empeſcher de monter icy : & n'ayant pû en venir à bout, il s'en eſt pris à quelques Eſcrits que i'auois apportés, propres pour l'inſtruction de ces infideles. Ie les auois enfermés dans vne petite quaiſſe, auec quelques medicaments pour les malades; le malin eſprit, preuoyant qu'elle me ſeruiroit beaucoup pour le ſalut des Sauuages, fit ſes efforts, pour me la faire perdre; car elle a fait vne fois naufrage dans les boüillons d'vn rapide : vne autre fois elle a eſté delaiſſée au pied d'vn portage, elle a changé de main ſept ou huit fois, enfin elle eſt tombée en celles de ce ſorcier que i'auois blaſmé à l'entrée du Lac des Hurons, lequel en ayant leué la ſerrure, prit ce qui luy agrea, & l'abandonna enſuite toute ouuerte à la pluye, & aux paſſans. Il plut à Dieu confondre le malin eſprit, & ſe ſeruir du plus grand Iongleur de ces quartiers, homme de ſix femmes, & d'vne vie debordée, pour me la conſeruer: Il me la mit entre les mains, lorſque ie n'y penſois plus; me diſant que le theriaque, & quelques autres medicaments, auec les Images qui eſtoient dedans, eſtoient autant de Manitous, ou de demons qui le feroient mourir, s'il oſoit y toucher. I'ay veu par aprés, par experience, combien ces Eſcris des langues du païs m'ont ſeruy pour leur conuerſion.

CHAPITRE III.

De l'arriuée, & demeure du Missionnaire à Lance du Saint Esprit, apelée Chagoüamigong.

APrés auoir fait cent quatre-vingt lieuës, sur les bords du Lac de Tracy, du costé qui regarde le Midy, où nostre Seigneur a voulu souuent éprouuer nostre patience, par les tempestes, par la famine, & par les fatigues du iour & de la nuit; Enfin nous arriuâmes le premier iour d'Octobre à Chagoüamigong, où nous aspirions depuis si long temps.

C'est vne belle Ance, dans le fond de laquelle est placé le grand Bourg des Sauuages, qui y font des champs de bled d'Inde, & y menent vne vie ſedentaire. Ils y ſont au nombre de huit cents hommes portans armes, mais ramaſſés de ſept nations differentes, qui viuent paiſiblement meſlées les vnes parmi les autres.

Ce grand monde nous a fait preferer ce lieu à tous les autres, pour y faire noſtre demeure ordinaire; afin de vaquer plus commodement à l'inſtruction de ces infideles, y dreſſer vne chapelle, & y commences les fonctions du Chriſtianiſme.

Nous n'auons pû d'abord nous mettre à couuert que ſous des écorces, où nous eſtions ſi frequemment viſités de ces peuples, dont la pluſpart n'auoient iamais veu d'Europeans, que nous en eſtions accablés, & les inſtructions, que ie leur faiſois inceſſamment interompuës, par les allans & les venans; ce qui me fit resoudre, à les aller voir moy mesme, chacun dans leurs cabanes, où ie leur parlois de Dieu plus à mon aise, & ie les instruisois plus à loisir de tous les Mysteres de nostre foy.

Lorsque ie vaquois à ces saints emplois, vn ieune Sauuage, c'estoit vn de ceux qui auoient esté bruslés pendant nostre voyage, vint me trouuer, & me demanda à prier Dieu, m'assurant que tout de bon il vouloit estre Chrestien. Il me raconta vne chose qui luy est arriuée, dont on iugera ce qu'on voudra: Ie ne t'eus pas plustost obei, me dit-il, renuoyant ce sorcier, qui vouloit me guerir par ses Iongleries, que ie vis celuy qui a tout fait, & dont tu m'as tant parlé; Il me dit d'vne voix que i'entendis distinctement: Tu n'en mourras pas, parceque tu as escouté la robe noire : Il n'eut pas plustost parlé, que ie me sentis fortifié extraordinairement, & me trouuay dans vne grande confiance de recouurer la santé, comme de fait me voilà parfaitement guery. I'espere bien que celuy, qui a operé pour le salut du corps, n'abandonnera pas celuy de l'ame, & ie me le promets d'autant plus fermement, que ce Sauuage m'est venu chercher de luy mesme, pour apprendre les prieres, & receuoir les instructions necessaires.

Peu aprés ie sceu que nous auions enuoyé au Ciel vn enfant au maillot, qui mourut deux iours aprés que ie luy eû conferé le saint Baptesme. S. François dont il portoit le nom, aura sans doute presenté à Dieu cette ame innocente, pour premices de cette Mission.

Ie ne ſçay ce qui arriuera à vn autre enfant que i'ay baptiſé incontinent aprés ſa naiſſance : ſon pere Outaoüac de nation, me fit apeler ſi toſt qu'il fut né, & meſme vint au deuant de moy, pour me dire que i'euſſe à le baptiſer au pluſtoſt, afin de le faire viure long-temps. Choſe admirable en ces Sauuages, qui auparauant croyoient que le bapteſme cauſoit la mort à leurs enfans, & à preſent ſont perſuadés, qu'il leur eſt neceſſaire pour leur conſeruer vne longue vie. Cela me donne plus d'accés auprés de ces enfans, qui viennent ſouuent à moy en trouppes, pour contenter leur curioſité, en regardant vn eſtranger, mais bien plus pour receuoir ſans y penſer, les premieres ſemences de l'Euangile, qui fructifieront auec le temps dans ces ieunes plantes.

CHAPITRE IV.

Conſeil General des nations du païs des Outaoüacs.

LE Pere eſtant arriué dans le païs des Outaoüacs; y trouua les eſprits dans la crainte d'vne nouuelle guerre, qu'ils alloient auoir ſur les bras, de la part des Nadoüeſſi, nation belliqueuſe, & qui dans ſes guerres, ne ſe ſert point d'autres armes, que de l'arc & de la maſſuë.

Vn party de ieunes guerriers ſe formoit deſia, ſous la conduite d'vn chef, qui ayant eſté offencé, ne conſideroit pas ſi la vengeance qu'il vouloit prendre, ne cauſeroit pas la ruine de toutes les bourgades de ſon païs.

Les anciens pour obuier à ces malheurs, aſſemblerent vn conſeil general de dix ou douze nations circonuoiſines, toutes intereſſées en cette guerre; afin d'arreſter la hache de ces temeraires, par les preſents qu'ils leur feroient en ſi bonne compagnie.

Le Pere y fut inuité pour le meſme ſujet, & s'y trouua, pour parler en meſme temps à tous ces peuples au nom de Monſieur de Tracy, dont il portoit trois paroles auec trois preſents, qui en ſont les truchements.

Toute cette grande Aſſemblée luy ayant donné audience; Mes freres, leur dit il, le ſujet qui m'amene en voſtre païs, eſt tres importāt, & merite que vous écoutiés ma voix, auec vne attention extraordinaire. Il ne s'agit de rien moins que de la conſeruation de toute voſtre terre, & de la perte de tous vos ennemis. A ces mots, le Pere les ayant trouués tous bien diſpoſés à l'écouter attentiuement; il leur raconta la guerre que Monſieur de Tracy entreprenoit contre les Iroquois; comme il les alloit reduire à leur deuoir par la force des armes du Roy, & aſſurer le commerce entre nous & eux, netoyant tous les chemins de ces pirates de Riuieres, & les obligeant à vne paix generale, ou à ſe voir totalement deſtruits. Et c'eſt icy, que le Pere prit occaſion de s'eſtendre ſur la pieté de ſa Majeſté, qui vouloit que Dieu fuſt reconnu par toutes ſes terres & qui n'agreoit point de peuples ſous ſon obeiſſance, qui ne fuſſent ſoumis au createur de tout l'vniuers. Il leur expliqua en ensuite les principaux articles de nostre foy, & leur parla fortement sur tous les mysteres de nostre Religion : en vn mot il prescha IESVS-CHRIST à toutes ces nations.

C'est vne consolation sans doute bien grande à vn pauure Missionnaire, quand aprés cinq cents lieuës de chemin, dans des fatigues, des dangers, des famines & des miseres de toutes les façons, il se voit escouté par tant de peuples differents, leur publiant l'Euangile, & leur distribuant les paroles de salut, dont ils n'auoient iamais entendu parler.

Ce sont des semences, qui demeurent quelque temps en terre, & qui ne portent pas incontinent leurs fruits. Il faut les aller cueillir dans les cabanes, dans les forets, &

ſur les Lacs ; c'eſt ce que faiſoit le Pere, qui ſe trouuoit par tout, dans leurs cabanes, à leurs embarquements, dans leurs voyages, & partout trouuoit des enfans à baptiſer, des malades à diſpoſer aux Sacrements, des anciens Chreſtiens à confeſſer, & des infidelles à inſtruire.

Il eſt vray qu'vn iour repaſſant en ſon eſprit, les obſtacles qu'il y auoit à la foy, veu l'eſtat & les couſtumes deprauées de tous ces peuples, il ſe ſentit pouſſé interieurement, pendant le ſaint ſacrifice de la Meſſe, de demander à Dieu par l'interceſſion de l'Apoſtre S. An dré, dont l'Egliſe celebroit ce iour là la feſte, qu'il pluſt à ſa diuine Majeſté luy decouurir quelque iour, pour eſtablir le Royaume de Ieſus-Chriſt en ces contrées, au lieu du Paganiſme : & dez le mesme iour, Dieu luy fit connoistre les grands obstacles qu'il y rencontreroit, afin de se roidir deplus en plus contre ces difficultés, qu'on reconnoistra assés par le Chapitre suiuant.

CHAPITRE V.

Des faux dieux, & de quelques coustumes superstitieuses des Sauuages de ce païs.

VOicy ce que le Pere Alloüez raconte touchant les coustumes des Outaoüacs, & autres peuples, qu'il a estudiées tres-soigneusement, ne se fiant pas au recit qu'on luy en faisoit; mais ayant veu luy mesme, & obserué tout ce qu'il en a laissé par escrit.

Il y a icy, dit-il, vne fausse &

abominable religion, pareille en plusieurs choses, à celle de quelques anciens Payens. Les Sauuages d'icy ne reconnoissent aucun souuerain maistre du Ciel & de la Terre; Ils croyent qu'il y a plusieurs genies, dont les vns sont bien-faisans; comme le Soleil, la Lune, le Lac, les Riuieres, & les Bois; les autres malfaisans, comme la couleuure, le dragon, le froid, & les tempestes, & generalement tout ce qui leur semble ou aduantageux, ou nuisible, ils l'apellent vn Manitou, & leur rendent le culte & la veneration, que nous ne rendons qu'au vray Dieu

Ils les inuoquent, quand ils vont à la chasse, à la pesche, en guerre, ou en voyage; ils leur font des sacrifices, auec des ceremonies qui ne sont propres qu'à des Sacrificateurs.

Vn vieillard des plus considerables de la Bourgade fait fonction de Prestre; Il commence par vne harangue estudiée, qu'il adresse au Soleil, si c'est en son honneur qu'on fait le festin à manger tout, qui est comme vn holocauste: il declare tout haut qu'il fait ses remercimens à cet Astre, de ce qu'il l'a éclairé pour tuer heureusement quelque beste: il le prie & l'exhorte par ce festin, à continuer les soings charitables, qu'il a de sa famille. Pendant cette inuocation, tous les Conuiés mangent iusqu'au dernier morceau; Aprés quoy vn homme destiné à cela, prend vn pain de petun, le rompt en deux, & le iette dans le feu. Tout le mõde crie pendant que le petun se consume, & que la fumée monte en haut; & auec ces clameurs se termine tout le sacrifice.

I'ay veu vne Idole, dit le Pere, éleuée au milien d'vne Bourgade, à laquelle parmi les autres presens, on a offert en sacrifice dix chiens, pour obtenir de ce faux dieu, qu'il transportast ailleurs la maladie qui depeuploit la Bourgade. Chacun alloit tous les iours faire ses offrandes à cette Idole, selon ses besoins.

Outre ces sacrifices publics, ils en ont de particuliers & domestiques; car souuent dans leurs cabanes, ils iettent du petun au feu, auec vne espece d'offrande exterieure, qu'ils font à leurs faux dieux.

Pendant les orages & les tempestes, ils immolent vn chien, qu'ils iettent dans le Lac: voila pour t'apaiser, luy disent-ils, demeure en repos. Dans les endrois perilleux des Riuieres, ils se rendent fauorables les boüillons & les saults, par quelques presens qu'ils leur font : & ils sont tellement persuadez, qu'ils honorent par ce culte exterieur leurs pretenduës diuinités, que ceux d'entre eux qui sont conuertis & baptisés, vsent des mesmes ceremonies à l'endroit du vray Dieu, iusqu'à ce qu'ils soient desabusés.

Au reste ces peuples, comme ils sont grossiers, ne reconnoissent point de diuinité purement spirituelle; ils croyent que le Soleil est vn homme, & la Lune sa femme: que la nege & la glace est aussi vn homme, qui s'en va au printemps, & reuient en hyuer; que le malin esprit est dans les couleuures, les dragons & autres monstres; que le corbeau, le milan & quelques autres oiseaux sont des genies, & qu'ils parlent aussi bien que nous: que mesme il y a parmy eux des peuples, qui entendent leur langage, comme quelques vns entendent vn peu celuy des François.

Ils croyent de plus que les ames des Trepassés gouuernent les poissons qui sont dans le Lac; & ainsi de tout temps ils ont tenu l immortalité, & mesme la metempsycose des ames des poissons morts; car ils croyent qu'elles repassent dans d'autres corps de poissons, & c'est pour cela qu'il ne iettent iamais les arrestes dans le feu, de peur de desplaire à ces ames, qui ne viendroient plus dans leurs rets.

Ils ont en veneration toute particuliere, vne certaine beste chymerique, qu'ils n'ont iamais veuë, sinon en songe; ils l'apellent Missibizi; ils la reconnoissent pour vn grand genie, auquel ils font des sacrifices, pour obtenir bonne pesche d'esturgeon.

Ils disent aussi que les petites pieres de cuiure, qu'ils trouuent au fonds de l'eau dans le Lac, ou dans les Riuieres qui s'y dechargent, sont les richesses des dieux, qui habitent dans le fond de la terre.

I'ay appris, dit le Pere qui a decouuert toutes ces sottises, que que les Ilinioüek, les Outagami, & autres Sauuages du costé du Sud, croyent qu'il y a vn grand & excellent genie, maistre de tous les autres, qui a fait le Ciel & la Terre, & qui est, disent ils, du costé du Leuant vers le pays des François.

La source de leur Religion est le libertinage; & toutes ces sortes de sacrifices se terminent d'ordinaire à des festins de debauche, à des dances deshonnestes, & à des concubinages infames, les hommes employent toute leur deuotion à auoir plusieurs femmes, & en changer quand il leur plaist; les femmes, à quitter leurs maris; & les filles, à viure dans la dissolution.

Ils ne laissent pas de souffrir beaucoup à l'occasion de ces sottes diuinités; car ils ieûnent en leur honneur, pour sçauoir l'euenement de quelque affaire. I'en ay veu auec compassion, dit le Pere, qui ayants quelque dessein de guerre, ou de chasse, passent les huit iours tout de suitte, ne prenans presque rien; auec telle opiniastreté, qu'ils ne desistent point, qu'ils n'ayent veu en songe ce qu'ils demandent, ou vne troupe d'orignaux, ou vne bande d'Iroquois mis en fuite, ou chose semblable: ce qui n'est pas bien difficile à vn cerueau vuide & tout épuisé par le ieûne, & qui ne pense tout le iour à rien autre chose.

Disons quelque chose de l'art de Medecine, qui a vogue en ce païs. Leur science consiste à connoistre la cause du mal, & y appliquer les remedes.

Ils iugent que la cause la plus ordinaire des maladies vient d'auoir manqué à faire festin, apres quelque pesche ou chasse heureuse ; car pour lors le Soleil qui se plaist aux festins, se fache contre la personne qui a manqué à son deuoir, & la rend malade.

Outre cette cause generale des maladies, il y en a de particulieres, qui sont certains petits genies malfaisans de leur nature, qui se fourrent d'eux mesmes, ou sont iettés par quelque ennemî, dãs les parties du corps qui sont les plus malades. Ainsi quand quelqu'vn sent mal à la teste, ou au bras, ou à l'estomac;

c'eſt vn Manitou, diſent-ils, qui eſt entré dans ces parties, & qui ne ceſſera de les tourmenter, qu'on ne l'en ait ou tiré, ou chaſſé.

Le remede donc le plus ordinaire, eſt d'apeller le Iongleur qui vient en compagnie de quelques vieillards, auec leſquels, il fait vne eſpece de conſultation ſur le mal du patient; aprés quoy il ſe iette ſur la partie mal-affectée, il y applique ſa bouche, & la ſucçant, il fait ſemblant d'en tirer quelque choſe, comme vne petite piere, ou vn bout de corde, ou autre choſe, qu'il auoit auparauant cachée dans ſa bouche, & la montrant, dit: voila la Manitou, te voila guery, il n'y à plus qu'à faire feſtin.

Le Diable, qui veut tourmenter ces pauures aueuglés dés ce monde, leur a inſpiré vn autre remede, auquel ils ont grande confiance, c'eſt de prendre le malade ſous les bras, & le faire marcher pieds nuds ſur les braiſes de la cabanne, ou s'il eſt ſi mal qu'il ne puiſſe pas marcher, on le porte à quatre ou cinq perſonnes, & on le fait paſſer doucement par deſſus tous les feux: ce qui fait aſſés ſouuent, qu'vn plus grand mal qu'on leur cauſe, guerit, ou fait qu'on ne reſſent pas vn plus leger, qu'on veut guerir.

Aprés tout, le remede le plus commun, comme il eſt le plus profitable au Medecin, eſt de faire vn feſtin au Soleil; croyant que cet aſtre, qui ſe plaiſt à la liberalité, s'appaiſera par vn repas magnifique, regardera le malade de bon œil, & luy rendra la ſanté.

Tout cela monſtre, que ces pauures peuples ſont bien éloignés du Royaume de Dieu ; mais celuy qui peut toucher des cœurs, aussi durs que les pierres, pour en faire des enfans d'Abraham, & des vases d'élection ; pourra bien aussi faire naistre le Christianisme dans le sein de l'Idolatrie, & éclairer par les lumieres de la Foy ces Barbares, plongés dans les tenebres de l'erreur, & dans vn Ocean de débauches. On le connoistra par le recit des Missions, que le Pere a faites en ce dernier bout du monde, pendant les deux premieres années qu'il y a demeuré.

CHAPITRE VI.

Relation de la Miſſion du Saint-Eſprit dans le Lac de Tracy.

APrés vn rude & facheux voyage de cinq cents lieues, où toutes ſortes de miſeres ſe ſont rencontrées, le Pere s'eſtant rendu vers les extremités du grand Lac, y trouua de quoy exercer le zele qui luy auoit fait deuorer tant de fatigues, en jettant les fondements des Miſſions, dont nous allons parler. Commençons par celle du Saint Eſprit, qui eſt le lieu de ſa demeure : voicy ce qu'il en dit.

Ce quartier du Lac, où nous nous ſommes areſtés, eſt entre deux grands Bourgs, & comme le centre de toutes les nations de ces contrées, parceque la pesche y est abondante, qui est le principal fond de la subsistance de ces peuples.

Nous y auons dressé vne petite Chapelle d'escorces, où toute mon occupation est, d'y receuoir les Chrestiens Algonkins & Hurons, les instruire, baptiser & catechiser les enfans, y admettre les Infidelles qui y accourent de toutes parts, attirés par la nouueauté; leur parler en public & en particulier, les conuaincre sur leurs superstitions, combattre leur idolatrie, leur faire voir les verités de nostre Foy; & ne laisser partir personne d'auprés de moy, sans jetter dans son ame quelques semences de l'Euangile.

Dieu m'a fait la grace de me faire entendre à plus de dix Nations differentes: mais j'aduouë qu'il est necessaire de luy demander, mesme auant le iour, la patience pour souffrir ioyeusement les mépris, les railleries, les importunités, & les insolences de ces Barbares.

Vne autre occupation que i'ay dans ma petite Chapelle, est d'y baptiser les enfans malades que les Infideles m'aportent eux mesmes, pour obtenir de moy quelque medecine; & parceque ie vois que Dieu rend la santé à ces petits innocens aprés leur baptesme, c'est ce qui me fait esperer qu'il en veut faire comme le fondement de son Eglise en ces quartiers.

I'ay étendu dans la Chapelle diuerses Images, comme de l'Enfer & du Iugement general, qui me fournissent des matieres d'instructions bien proportionnées à mes Auditeurs; aussi n'ais-ie pas peine enſuitte à les rendre attentifs , à les faire chanter le *Pater* & l'*Aue* en leur langue, & à les conduire dans les prieres que ie leur fais faire, apres chaque inſtruction : ce qui attire vn ſi grand nombre de Sauuages, que depuis le matin iuſqu'au ſoir, ie me vois heureuſement contraint à ne faire autre choſe.

Dieu donne benediction à ces commencemens ; car les debauches de la ieuneſſe ne ſont plus ſi frequentes, & les filles qui auparauant ne rougiſſoient point des plus infames actions, ſe tiennent dans la reſerue, & conſeruent la pudeur ſi propre à leur ſexe.

I'en ſçay pluſieurs qui aux ſollicitations qu'on leur fait, reſpondent hardiment qu'elles prient Dieu, & que la Robe-noire leur deffend ces debauches.

Vne petite fille de dix ou douze ans, me venant vn iour demander à prier Dieu, ie luy dis; ma petite ſœur, vous ne le merités pas, vous ſçaués bien ce qu'on diſoit de vous il y a quelques mois; il eſt vray, me dit-elle, que ie n'eſtois pas ſage en ce temps la, & que ie ne ſçauois pas que cela fuſt mal fait: mais depuis que i'ay prié, & que vous nous aués appris que cela eſtoit mauuais, ie ne l'ay plus fait.

Les premiers iours de l'année 1666. furent employées à preſenter des eſtrennes bien agreables au petit Ieſus; C'eſtoient pluſieurs enfans, que les meres m'aportoient par vne inſpiration de Dieu toute extraordinaire, afin de les baptiſer. Ainſi ſe formoit petit à petit cette Egliſe, & la voyant deſia imbuë de nos myſteres, ie iugeay qu'il eſtoit temps de tranſporter noſtre petite Chapelle, au milieu du grand Bourg éloigné de noſtre demeure, de trois quarts de lieuë, & composé de quarante cinq à cinquante grandes cabanes, de toutes nations, où il y a bien deux mille ames.

C'eſtoit iuſtement au temps de leurs grandes debauches, & ie peus dire en general, que i'ay veu dans cette Babylone, le parfait tableau du libertinage. Ie ne laiſſois pas d'y auoir la meſme occupation que dans noſtre premiere demeure, & auec le meſme ſuccez. Mais le Malin eſprit enuieux du bien que la grace de Dieu y operoit, fit faire tous les iours des Iongleries diaboliques tout proche de noſtre Chapelle, pour la gueriſon d'vne femme malade : ce n'eſtoient que dances ſuperſtitieuſes, que maſcarades hideuſes,que clameurs horribles, & mille ſortes de ſingeries. Ie ne laiſſois pas de l'aller voir tous les iours, & pour l'attirer auec douceur, ie luy faiſois preſent de quelques raiſins. Enfin les ſorciers ayants declaré que ſon ame eſtoit partie, & qu'il n'en eſperoient plus rien, ie l'allay voir le lendemain, & luy dis que cela n'eſtoit pas vray, & que meſme ſi elle vouloit croire en I. Chriſt, i'eſperois qu'elle en releueroit: Mais ie ne pûs rien gagner ſur ſon eſprit; ce qui me fit reſoudre de m'adreſſer au ſorcier meſme qui la panſoit: Il fut ſi ſurpris de me voir chez luy, qu'il en parut tout interdit: Ie luy fis voir les ſottiſes de ſon art, & qu'il contribuoit pluſtoſt à la mort, qu'à la vie de ſes malades: Pour reſponce, il me menaça de m'en faire ſentir les effets par vne mort indubitable, & peu aprés s'estant mis à iongler pendant l'espace de trois heures, il crioit de temps en temps au fort de ses ceremonies, que la robe-noire en mourroit: mais tout fut inutile par la grace de Dieu, qui sçeut mesme tirer le bien du mal; car luy mesme m'ayant enuoyé deux de ses enfans malades pour les baptiser, ils receurent en mesme temps, par le moyen de ces eaux sacrées, la guerison de l'ame & du corps.

Le lendemain ie visitay vn autre celebre sorcier, homme qui a six femmes, & qui vit dans le desordre qu'on peut s'imaginer d'vne telle compagnie. Ie trouuay dans sa cabanne vne petite armée d'enfans: ie voulus m'y acquiter de mon ministere; mais en vain: Et c'est la premiere fois qu'en ces quartiers i'ay veu le Christianisme bafoué, sur tout en ce qui concerne la resurrection des morts, & le feu d'enfer: i'en sortis auec cette pensée, *Ibant Apostoli gaudentes à conspectu concilij; quoniam digni habiti sunt pro nomine Iesu contumeliam pati.*

Les insultes qu'on me fit en cette cabanne, éclaterent bien tost au dehors, & donnerent sujet aux autres de me traitter auec les mesmes insolences. Desia l'on auoit rompu vne partie des escorces, c'est à dire des murailles de nostre Eglise, desia l'on auoit commencé à me derober tout ce que i'auois; la ieunesse deuenoit de plus en plus nombreuse & insolente: & la parole de Dieu n'estoit écoutée qu'auec mespris & raillerie: ce qui m'obligea de quitter ce poste, pour me retirer en nostre demeure ordinaire, ayant eü cette conſolation en les quittant, que Ieſus-Chriſt a eſté preſché, & la Foy annoncée publiquement, & à chaque Sauuage en particulier : Car outre ceux qui rempliſſoient noſtre Chapelle depuis le matin iuſqu'au ſoir, les autres qui reſtoient dans les Cabannes eſtoient inſtruits, par ceux qui m'auoient oüy.

Ie les ay entendu moy meſme le ſoir, aprés que tout le monde eſtoit retiré, repeter intelligiblement en ton de Capitaine, toute l'inſtruction que ie leur auois faite pendant le iour. Ils aduoüent bien, que ce que ie leur enſeigne, eſt tres-raiſonnable; mais le libertinage l'emporte pardeſſus la raiſon, & ſi la grace n'eſt bien forte, toutes nos inſtructions ſont peu efficaces.

Vn d'entr'eux m'eſtant venu trouuer, pour eſtre inſtruit ; à la premiere parole que ie luy dis, ſur deux femmes qu'il auoit ; Mon frere, me repartit-il, tu me parles d'vne affaire bien difficile, il ſuffit que mes enfans prient Dieu, enſeigne les.

Aprés que j'eus quitté cette bourgade d'abomination, Dieu me conduiſit à deux lieuës de nôtre demeure, où ie trouuay trois malades adultes, que ie baptiſay apres vne ſuffiſante inſtruction, dont deux moururent aprés leur Bapteſmes. Les ſecrets de Dieu ſont admirables, & i'en pourrois rapporter pluſieurs exemples tout ſemblables, qui montrent les ſoins amoureux de la prouidence pour ſes Eleus.

CHAPITRE VII.

De la Mission des Tionnontateheronnons.

LEs Tionnontateheronnons, d'auiourd'huy, sont les mesmes peuples, qu'on appelloit autrefois, les Hurons de la nation du petun. Ils ont esté contraints, aussi bien que les autres, de quitter leur païs, pour fuir l'Hyroquois, & se retirer vers les extremités de ce grand Lac, où l'éloignement, & le defaut de chasse, leur seruent d'azile contre leurs ennemis.

Ils faisoient autrefois, vne partie de l'Eglise florissante des Hurons, & ont eu le feu Pere Garnier pour Pasteur, qui a donné si courageusement sa vie pour son cher troupeau : aussi conseruent ils pour sa memoire, vne veneration toute particuliere.

Depuis le debris de leur païs, ils n'ont point esté cultiuez dans le Christianisme ; d'où vient qu'ils sont plûtost Chrestiens par estat, que par profession ; Ils se vantent de ce beau nom, mais le commerce qu'ils ont depuis si long-temps, auec les Infidelles, a presque effacé de leurs esprits tous les vestiges de la Religion, & leur a fait reprendre plusieurs de leurs anciennes coutumes ; Ils ont leur bourgade assez proche de nostre demeure, ce qui m'a donné moyen, d'entreprendre cette Mission, auec plus d'assiduité, que les autres plus éloignées.

I'ay donc tâché de remettre cette Eglise en son premiet estat, par la Predication de la parole de Dieu, & par l'administration des Sacrements; I'ay conferé le Baptesme à cent enfans, dés le premier hyuer que i'ay passé auec eux; & en suitte à d'autres, pendant les deux années que ie les ay pratiqués. Les adultes s'aprochoient du Sacrement de penitence, assistoient au saint Sacrifice de la Messe, faisoient les prieres en public, & en particulier; en vn mot, comme ils auoient esté fort bien instruits, il ne m'a pas esté bien difficile de restablir la pieté dans leurs cœurs, & y faire renaistre les bons sentiments, qu'ils auoient eus pour la Foy.

De tous ces enfans baptisez, Dieu n'en a voulu prendre que deux, qui se sont enuolez dans le Ciel aprés leur Baptesme. Pour les adultes, il y en a eu trois entr'autres, pour le ſalut deſquels, il ſemble que Dieu m'a enuoyé icy.

Le premier a eſté vn vieillard Ouſaki de naiſſance, autrefois conſiderable parmy ceux de ſa nation, & qui s'eſt touſiours conſerué dans l'eſtime des Hurons, par leſquels il auoit eſté pris captif en guerre; Peu de iours aprés mon arriuée en ce païs, i'appris qu'il eſtoit malade à quatre lieuës d'icy; ie le fus voir, ie l'inſtruiſis, ie le baptiſay, & trois heures aprés il mourut, me laiſſant toutes les marques poſſibles que Dieu luy auoit fait miſericorde.

Quant mon voyage depuis Quebec, n'auroit point eû d'autre fruit que le ſalut de ce pauure vieillard, ie trouuerois tous mes pas trop bien recompenſés, puiſque le Fils de Dieu n'a pas eſpargné pour luy iuſques à la dernier goutte de ſon ſang.

La ſeconde perſonne dont i'ay à parler, eſt vne femme fort auancée en âge ; elle eſtoit detenuë à deux lieuës de noſtre demeure par vne dangereuſe maladie, que luy auoit cauſé vn ſac de poudre qui auoit pris feu inopinément dans ſa cabane. Le Pere Garnier, luy auoit promis, il y a plus de quinze ans le bapteſme, & eſtoit preſt de le luy conferer, quand il fut tué par les Iroquois. Ce bon Pere, n'a pas voulu manquer à ſa promeſſe ; & comme vn bon Paſteur, a procuré par ſon interceſſion, que ie me trouuaſſe icy auant qu'elle expiraſt : ie la fus voir le iour meſme de tous les Saints, & luy ayant raffraiſchi la memoite de tous nos Myſteres, ie trouuay que les ſemences de la parole de Dieu, iettées en ſon ame depuis tant d'années y auoient produit des fruits qui n'attendoient que les eaux du Baptesme, pour venir à leur perfection ; ie luy conferay donc ce sacrement, aprés l'auoir bien disposée; & la nuit mesme qu'elle receut cette grace, elle rendit son ame à son Createur.

La troisiéme personne est vne fille âgée de quatorze ans, qui se rendoit tres assiduë à tous les catechismes, & à toutes les prieres que ie faisois faire, dont elle auoit appris par cœur vne bonne partie: elle tombe malade, sa mere qui n'estoit pas Chrestienne, appelle les sorciers, leur fait exercer toutes les sottises de leur infame mestier: i'en entends parler, ie vais trouuer la fille, & luy fais ouuerture du Baptesme ; elle est rauie de le receuoir, aprés quoy tout enfant qu'elle estoit, elle s'oppose à toutes les ionglieries, qu'on voulut faire autour d'elle, disant que par son Baptesme elle auoit renoncé à toutes les superstitions ; & dans ce genereux combat, elle mourut en priant Dieu iusques au dernier soupir.

Chapitre VIII.

De la Mission des Outaoüacs, Kiskakoumac, & Outaoüasinagouc.

Ie ioints icy ces trois nations, parce qu'elles ont vne mesme langue, qui est l'Algonquine ; & font ensemble vne mesme bourgade, qui correspond à celle des Tionnontateheronnons, entre lesquels nous sommes residents.

Les Outaoüacs pretendent que la grande riuiere leur appartient, & qu'aucune nation n'y peut nauiger, sans

sans leur consentement; c'est pour cela que tous ceux qui vont en traite aux François, quoique fort differents de nation, portent le nom general Doutaoüacs, sous les auspices desquels ils font ce voyage.

L'ancienne demeure des Outaoüacs, estoit vn quartier du Lac des Hurons d'où la crainte des Iroquois les a chassez, & où se portent tous leurs desirs comme à leur païs natal.

Ces peuples sont fort peu disposez à la foy, parcequ'ils sont les plus addonnez à l'idolatrie; aux superstitions, aux fables, à la polygamie, à l'instabilité des mariages, & à toute sorte de libertinage, qui leur fait mettre bas toute honte naturelle. Tous ces obstacles n'ont pas empesché, que ie ne leur aye preché le nom de Iesus-Christ, &

publié l'Euangile dans toutes leurs cabannes, & dans noſtre Chapelle, qui ſe trouuoit pleine, depuis le matin iuſques au ſoir, où ie faiſois de continuelles inſtructions ſur nos Myſteres, & ſur les commandements de Dieu.

Dés le premier hyuer, que i'ay paſſé auec eux, i'ay eu la conſolation d'y baptiſer enuiron quatre-vingts Enfans, y compris quelques garçons, & filles de huit à dix ans, qui par leur aſſiduité à venir prier Dieu, ſe ſont rendus dignes de ce bon-heur; Ce qui contribuë beaucoup au Bapteſme de ces Enfans, eſt l'opinion, qui eſt à preſent tres commune, que ces eaux ſacrées, non ſeulement ne cauſent pas la mort, comme on l'a cru autrefois, mais donnent la ſanté aux malades, & rendent la vie aux moribonds; &

de fait, de tous ces enfans baptisez Dieu n'en a voulu prendre à soy que six, & a laissé les autres pour seruir de fondement à cette nouuelle Eglise.

Pour les Adultes, ie n'ay pas creu en deuoir baptiser beaucoup, parceque leur superstition estant si fort enracinée dans leur esprit, met vn puissant empeschement à leur conuersion. De quatre que i'ay iugé bien disposez pour ce sacrement, la diuine prouidence a paru bien manifestemẽt à l'endroit d'vn pauure malade éloigné de deux lieuës de nostre demeure. Ie ne sçauois pas qu'il fut en cet estat, & neantmoins ie me sentois interieurement poussé à l'aller voir, nonobstant mon peu de force & de santé. Ie donnay donc iusque à vn hameau éloigné de nous d'vne bonne lieuë, où ie ne trouuay point de malades; mais i'y appris qu'il y auoit vn autre hameau plus loin: nonobstant ma foiblesse, ie crû que Dieu demandoit de moy que ie m'y transportasse; i'y fus auec bien de la peine, & ie trouuay ce Sauuage mourant, qui ne faisoit plus qu'attendre le Baptesme, que ie luy donnay, aprés les instructions necessaires: heureux d'auoir pris part aux enseignements que ie faisois pendant l'hyuer, lorsqu'il venoit auec les autres dans nostre Chapelle, & d'auoir merité par ses soins, que Dieu luy fist misericorde.

L'esté de cette mesme année ie fus occupé à assister particulierement les malades de cette Mission; i'en baptisay trois, que ie trouuois en danger, deux desquels sont morts dans la profession du Chriſtianiſme. Dieu me conduiſoit encore bien à propos dans les Cabanes, pour conferer le Bapteſme à onze enfans malades, qui n'auoient pas encore l'vſage de raiſon, & dont cinq ſont allez iouir de Dieu. De dix ſept autres enfans que i'ay baptiſé l'autonne & l'hyuer ſuiuant, il n'en eſt mort qu'vn, qui eſt monté au Ciel, preſque en meſme temps qu'expira vn bon vieillard aueugle, trois iours aprés ſon Bapteſme.

CHAPITRE IX.

De la Miſſion des Pouteouatamiouec.

LES Pouteoüatami ſont peuples qui parlent Algonquin, mais beaucoup plus mal-aiſé à entendre que les Outaoüacs. Leur pais eſt dans le Lac des Ilimoüek;

C'eſt vn grand Lac qui n'eſtoit pas encore venu à noſtre connoiſſance, attenant au Lac des Hurons, & à celuy des Puants, entre l'Orient, & le Midy. Ce ſont peuples belliqueux, Chaſſeurs, & Peſcheurs: leur païs eſt fort bon pour le bled d'Inde, dont ils font des Champs, & où ils ſe retirent volontiers, pour éuiter la famine trop ordinaire en ces quartiers; Ils ſont idolatres au dernier point, attachez à des fables ridicules, & amateurs de la Polygamie. Nous les auons tous veus icy, au nombre de trois cents hommes, portans armes. De tous les peuples que j'ay pratiqué en ces contrées, ils ſont les plus dociles, & les plus affectionnés aux François: leurs femmes, & leurs filles ſont plus retenuës, que celles des autres Nations. Ils ont entre eux quelque eſpece de ciuilité, & la font paroiſtre aux eſtrangers, ce qui eſt rare parmy nos Barbares. Eſtant allé vne fois voir vn de leurs anciens, il jetta les yeux ſur mes ſouliers, faits à la façon de France; la curioſité le porta à me les demander, pour les conſiderer à ſon ayſe: quand il me les rendit, il ne voulut iamais me permettre de les chauſſer moy meſme, mais ie fus contraint de ſouffrir de luy cét office, voulant meſme m'attacher iuſques aux courroies; auec les meſmes marques de reſpect, que teſmoignent les ſeruiteurs à leurs Maiſtres, quand ils leur rendent ce ſeruice: eſtant à mes pieds, voila, me dit-il, comme nous faiſons à ceux que nous honorons.

Vne autre fois l'eſtant aller voir,

il ſe leua de ſa place, pour me la ceder, auec les meſmes ceremonies, que demande la ciuilité des gens d'honneur.

Ie leur ay annoncé la Foy publiquement dans le Conſeil general, qui fut tenu peu de iours apres mon arriuée en ce pais: & en particulier dans leurs cabanes, pendant vn mois qu'ils reſterent icy; & en ſuitte tout l'Automne, & l'Hyuer ſuiuant; pendant lequel temps i'ay baptiſé trente quatre de leurs enfans, preſque tous au berceau: & ie dois dire, pour la conſolation de cette Miſſion, que le premier de tous ces peuples, qui a eſté prendre poſſeſſion du Ciel, au nom de tous ſes Compatriotes, a eſté vn enfant Pouteouatami, que ie baptiſay peu apres mon arriuée, & qui mourut incontinent apres.

Pendant le mesme Hyuer, i'ay receu à l'Eglise cinq Adultes, dont le premier est vn vieillard âgé d'enuiron cent ans, qui passoit dans l'esprit des Sauuages, pour vne espece de diuinité ; il jeûnoit vingt iours de suitte, & auoit des visions de Dieu, c'est à dire selon ces peuples, de Celuy qui a fait la Terre. Il tombe neantmoins malade, & est assisté dans son mal, par deux de ses filles, auec vne assiduité, & vn amour au dessus de la portée des Sauuages. Entre autres seruices, qu'elles luy rendoient, estoit de luy repeter le soir, les instructions qu'elles auoient entenduës pendant le iour, dans nostre Chapelle ; Dieu voulut se seruir de leur pieté, pour la conuersion de leur Pere ; car comme ie le fus voir, ie le trouuay sçauant en nos mysteres, & le Saint-Eſprit operant dans ſon cœur, par le miniſtere de ſes filles, il demanda auec paſſion d'eſtre Chreſtien. Ce que ie luy accorday par le Bapteſme, que ie ne jugeay pas à propos de differer, le voyant en danger de mort. Dés-lors il ne voulut point qu'on exerçaſt autour de ſa perſonne, aucunes Iongleries pour ſa gueriſon ; il ne vouloit plus entendre parler que du ſalut de ſon ame ; & vne fois comme ie luy recommandois de prier ſouuent Dieu ; Sçache, mon frere, me dit-il, que continuellement ie jete du petun au feu, diſant, c'eſt toy qui as fait le Ciel, & la Terre, que ie veux honorer. Ie me contentay de luy faire connoïſtre, qu'il n'eſtoit pas neceſſaire, d'honorer Dieu de cette façon, mais ſeulement de luy parler de cœur, & de bouche. En ſuitte, le temps eſtant venu, auquel les Sauuages demandent, qu'on accompliſſe leurs deſirs, par vne ceremonie qui tient beaucoup des Bachanales, ou du Carnaual; Noſtre bon vieillard fit faire recherche par toutes les Cabanes, d'vne piece d'étoffe bleüe; diſant que c'eſtoit là ſon deſir, parceque c'eſtoit la couleur du Ciel, auquel, dit il, ie veux auoir toûjours le cœur, & la penſée. Ie n'ay point veu de Sauuage plus preſt à prier Dieu, que luy; Il repetoit entre autres prieres, celle-cy, auec vne ardeur extraordinaire. Mon Pere, qui eſtes au Ciel, mon Pere, voſtre nom ſoit ſanctifié; trouuant plus de douceur en ces mots, qu'en ceux-cy que ie luy ſuggerois, Noſtre Pere qui eſt au Ciel. Se voyant vn iour ſi auancé en âge, il s'écria de luy meſme, dans les ſentiments de S. Auguſtin, c'eſt trop tard que ie vous ay connu, ô mon Dieu, trop tard que ie vous ay aimé. Ie ne doute point que ſa mort, qui ne tarda pas beaucoup, ne fuſt pretieuſe aux yeux de Dieu, qui la ſouffert tant d'années dans l'idolatrie, & luy a reſerué ſi peu de iours pour finir ſa vie ſi Chreſtiennement.

Ie ne dois pas icy obmettre vne choſe aſſez ſurprenante: le lendemain de ſon trepas, ſes parents brullerent ſon corps, contre toute la coutume de ce païs, & le reduiſirent tout entier en cendres. Le ſuiet eſt vne fable, qui paſſe icy pour verité.

On tient pour certain que le pere de ce vieillard, eſtoit vn Lieure, qui marche l'hiuer ſur la neige, &

& qu'ainsi la neige, le Lieure, & le vieillard sont de mesme village, c'est à dire sont parents : on adiouste, que le Lieure dit à sa femme, qu'il n'agreoit pas que leurs enfans demeurassent dans le fond de la terre, que cela n'estoit pas sortable à leur condition ; eux qui estoient parens de la neige, dont le païs est en haut, vers le Ciel, que si iamais il arriuoit, qu'on les mist en terre apres leur mort, il prieroit la neige, qui est son parent, de tomber en telle quantité, & si long-temps, qu'il n'y eust point de Printemps, pour punir les hommes de cette faute. Et pour confirmation de ce recit, on adiousta, qu'il y a trois ans, que le frere de nostre bon vieillard, mourut au commencement de l'hyuer, & qu'ayant esté enterré à l'ordinaire, les neiges furent ſi abondãtes, & l'hiuer ſi long, qu'on deſeſperoit de voir le printemps en ſa ſaiſon ; & cependant tout le monde mouroit de faim, ſans qu'on peûſt trouuer remede à cette miſere publique. Les anciens s'aſſemblent, ils tiennent pluſieurs conſeils, le tout en vain, la neige continuoit touſiours : alors quelqu'vn de la compagnie dît qu'il ſe ſouuenoit des menaces que nous auons raconté ; incontinent on va deterrer le mort, on le bruſle, & auſſi-toſt la neige ceſſe, & le printẽps luy ſucceda. Qui croiroit que des hommes puſſent adiouſter foy à des choſes ſi ridicules ? & cependant on les tient pour des verités inconteſtables.

Noſtre bon vieillard n'eſt pas ſeul de ſa Maiſon à qui Dieu a fait miſericorde ; ſes deux filles qui ont esté cause de son salut, ont sans doute esté attirées par ses prieres dans le Ciel; car l'vne estant frapée d'vn mal qui ne dura que cinq iours, Dieu conduisit mes pas si à propos pour son bon-heur eternel, que ne m'estant pû rendre chez elle, que le soir auant sa mort, i'eû le loisir de la disposer au saint Baptesme, qu'elle receut, pour aller en suitte auec son bon pere, l'acompagner dans la gloire qu'elle luy auoit procurée. L'autre fille a suruescu à l'vn & à l'autre, & a comme herité leur pieté, i'ay trouué cette femme si sage, si modeste & si affectionnée à la foy, que ie n'ay point douté de l'admettre dans l'Eglise, par la participation des sacrements; Toute la famille de ce bon neophyte, qui est nombreuse, se ressent de cette bonté, qui semble leur estre naturelle. Ils ont tous de la tendresse pour moy, & par vn respect qu'ils me rendent, ils ne m'appellent pas autrement que leur oncle. I'espere que Dieu fera à tous misericorde, car ie les vois enclins à la prïere au dessus dn commun des Sauuages.

Nous pouuons encore raconter parmy les merueilles que Dieu a operées en cette Eglise, ce qui s'est passé à l'égard d'vne autre famille de cette nation. Vn ieune homme, dans le canot duquel i'estois embarqué, venant en ce païs; fut atteint du mal courant & contagieux, sur la fin de l'hyuer; ie taschay de luy rendre autant de charité qu'il m'auoit fait de mal en chemin. Comme il estoit assez considerable, on n'espargna aucune sorte de iongleries pour le guerir, & l'on en fit tant, qu'enfin on me vint dire qu'on luy auoit

auoit tiré du corps deux dents de Chien ; ce n'est pas cela, leur dis-je, qui cause son mal, mais bien le sang pourri qu'il a dans le corps ; car ie iugeois qu'il auoit la pleuresie: cependant ie me mis à l'instruire tout de bon, & le lendemain, l'ayant trouué bien disposé, ie luy donnay le saint Baptesme auec le nom d'Ignace, esperant que ce grand Saint confondroit le malin esprit, & les Iongleurs. De fait, ie le fis seigner, & montrant le sang au Iongleur qui estoit là present: voila luy dis-je, ce qui tue ce malade, tu deuois luy auoir tiré tout ce sang corrompu par toutes tes simagrées, & non pas des dents de chien supposees: Mais luy s'estant apperceu du soulagement que cette seignée auoit causé au malade, voulut auoir la gloire de sa guerison ; & pour cela luy fit prendre vne eſpece de Medecine, qui eut vn ſi malheureux effet, que le Patient demeura trois heures durant comme mort. On en fait le cry public par tout le Bourg, & le Iongleur bien ſurpris de cet accident, confeſſe qu'il a tué ce pauure homme, & me prie de ne le pas abandonner. Il ne fut pas de fait delaiſſé de ſon Patron ſaint Ignace, qui luy rendit la vie, pour confondre les ſuperſtitions de ces Infidelles.

Ce ieune homme n'eſtoit pas encore gueri, que ſa ſœur tomba malade du meſme mal. Nous eûmes plus d'accés pour nos fonctions, veu ce qui s'eſtoit paſſé à l'égard de ſon frere, & j'eu toute la commodité de la diſpoſer au Bapteſme ; & outre cette grace, la ſainte Vierge, dont elle portoit le nom, luy obtint la ſanté.

Mais à peine estoit-elle hors de danger, que le mesme mal se prit à leur cousin, dans la mesme Cabane; il me parut plus dangereusement malade, que les deux autres; ce qui me fit haster de luy administer le Baptesme, apres les instructions necessaires. Il se portoit déja mieux, en vertu de ce Sacrement; quand son pere s'aduisa de faire vn festin, ou plûtost vn sacrifice au Soleil, pour luy demander la santé de son fils. Ie suruiens au milieu de la ceremonie, & m'estant jetté au col de mon malade Neophyte, pour luy faire voir, qu'il n'y auoit que Dieu, qui fust maistre de la vie & de la mort, il se reconnut aussi tost, & satisfit à Dieu, par le Sacrement de Penitence; mais m'adressant à son Pere, & à tous les Sacrificateurs, c'est à present, leur dis-je, que ie desespere de la santé de ce malade, puisque vous auez eu recours à d'autres, qu'à celuy qui a entre les mains, la vie, & la mort. Vous auez tué ce pauure homme, par vostre impieté, ie n'en espere plus rien. Il mourut en effet, quelque temps aprés, & i'espere que Dieu aura accepté sa mort temporelle, pour penitence de sa faute, afin de ne le pas priuer de la vie eternelnelle, qu'il aura obtenuë par les intercessions de saint IOSEPH, dont il portoit le nom.

Le gain est plus asseuré du costé des Enfans, desquels j'en ay baptisé dix-sept, sur la fin de cette Mission, que ie fus obligé de terminer par le depart de ces peuples, qui apres auoir recueilli leur bled d'Inde, se retirerent en leur païs,

& en partant, m'inuiterent auec grande instance, d'aller chez eux au Printemps suiuant. Que Dieu soit à iamais glorifié dans l'esprit de ces pauures Barbares, qui l'ont enfin reconnu; eux, qui de tout temps, ne connoissoient aucune diuinité, plus grande que le Soleil.

CHAPITRE X.

De la Mission des Ousakiouek Outagamiouek.

IE ioins en suitte ces deux nations, parcequ'elles sont mélées, & alliées auec les precedentes, & d'ailleurs elles ont mesme langage, qui est l'Algonquin, quoi que beaucoup different en diuers Idiomes, ce qui donne bien de la peine à les entendre; Neantmoins apres quelque trauail, ils m'entendent à present, & ie les entens suffisamment pour leur instruction.

Le pais des Outagami est du costé du Sud, vers le Lac des Ilimouek: ce sont peuples nombreux, d'enuiron mil hommes portans armes, chasseurs & guerriers; ils ont des champs de bled d'Inde, & demeurent en vn pais fort auantageux, pour la chasse du Chat sauuage, du Cerf, du Bœuf sauuage, & du Castor. Ils n'ont point l'vsage du Canot, & font d'ordinaire leurs voyages par terre, portant sur leurs espaules, leurs pacquets, & leur chasse. Ces peuples sont adonnez à l'idolatrie autant que les autres nations. Vn iour entrant dans la Cabane d'vn Outagamy, ie trouuay son pere & sa mere dangereusement malades, &

luy ayant dit qu'vne ſaignée les gueriroit, ce pauure homme prend du petun reduit en poudre, & m'en iette ſur ma robbe de tous coſtés, me diſant: Tu es vn genie, prends courage, rends la ſanté à ces malades, ie te fais ſacrifice de ce petun: que fais tu, mon frere, luy dis-je? ie ne ſuis rien, c'eſt celuy qui a tout fait, qui eſt le maiſtre de nos vies, ie ne ſuis que ſon ſeruiteur. Et bien repliqua t-il, en repandant du petun à terre, en leuant les yeux en haut, c'eſt donc à toy qui as fait le Ciel & la terre, que i'offre ce petun, donne la ſanté à ces malades.

Ces peuples ne ſont pas bien aliénés de reconnoiſtre le Createur du monde; car ce ſont eux qui m'ont dit, ce que i'ay deſia rapporté, qu'ils reconnoiſſent en leur païs, vn grand genie, qui a fait le Ciel & la terre, & qui demeure vers le païs des François. On dit d'eux ;& des Ousaki, que quand ils trouuent vn homme à l'écart, & à leur auantage, ils le tuent, sur tout si c'est vn François, dont ils ne peuuent supporter la barbe. Cette sorte de cruauté les rend moins dociles, & moins disposez à l'Euangile que les Pouteouatami. Ie n'ay pas pourtant laissé de publier l'Euangile à prés de six vingts personnes qui ont passé vn esté icy. Ie n'en ay point trouué parmy eux qui fussent assez bien disposez pour le Baptesme. Ie l'ay conferé neantmoins à cinq de leurs enfans malades, qui ont ensuitte recouuré la santé.

Pour les Ousaki, on peut les appeller Sauuages pardessus tous les autres: Ils sont en grand nombre, mais errants & vagabonds dans les forests, ſans auoir aucune demeure arreſtée. I'en ay veu prés de deux cents, & leur ay publié à tous la foy, & ay baptiſé dix huit de leurs enfans, à qui les eaux ſacrées ont eſté ſalutaires pour l'ame & pour le corps.

Chapitre XI.

De la Miſſion des Ilimoüec, ou Alimouek.

LEs Ilimoüec parlent Algonquin, mais beaucoup different de celuy de tous les autres peuples. Ie ne les entends que bien peu, pour n'auoir que bien peu cõuerſé auec eux. Ils ne demeurent pas en ces quartiers; leur païs eſt à plus de ſoixante lieuës d'icy, du coſté du Midy, au delà d'vne grande riuiere, qui ſe decharge, autant que ie puis coniecturer, en la Mer, vers la Virgine. Ces peuples ſont chaſſeurs & belliqueux; ils ſe ſeruent de l'arc & de la fleche, rarement du fuſil, & iamais du canot. C'eſtoit vne nation nombreuſe diſtribuée en dix grands Bourgs; mais à preſent ils ſont reduits à deux; les guerres continuelles auec les Nadoueſſi d'vn coſté, & les Iroquois de l'autre, les ont preſque exterminez.

Ils reconnoiſſent pluſieurs genies auſquels ils font ſacrifice; ils pratiquent vne ſorte de dance, qui leur eſt toute particuliere, ils l'appellent la dance de la pipe à prendre tabac, voicy comme ils la font. Ils preparent vne grande pipe, qu'ils ornent de pannaches, & la poſent au milieu de la place, auec vne eſpece de veneration; vn de la compagnie ſe leue, ſe met à dancer,

& puis cede ſa place à vn ſecond, celuy cy à vn troiſiéme, & ainſi conſecutiuement danſent les vns apres les autres, & non pas enſemble. On prendroit cette danſe comme vn balet en poſture, qui ſe fait au ſon du tambour. Il fait la guerre en cadence; il prepare ſes armes, il s'abille, il court, il fait la decouuerte, puis ſe retire, il s'approche, il fait le cry, il tue l'ennemy, luy enleue la cheuelure, & retourne chantant victoire : mais tout cela auec vne iuſteſſe, vne promptitude, & vne actiuité ſurprenante. Aprés qu'ils ont tous danſé l'vn aprés l'autre au tour de la pipe, on la prend, & on la preſente au plus conſiderable de toute l'aſſemblée, pour petuner, puis à vn autre, & ainſi conſecutiuement à tous; voulans ſignifier par cette ceremonie, ce qu'en

France on veut dire, quand on boit en mesme verre. Mais de plus on laisse la pipe entre les mains du plus honorable, comme vn depost sacré, & vn gage asseuré de la paix, & de l'vnion, qui sera tousiours entre eux, tant qu'elle demeurera entre les mains de cette personne.

Parmy tous les genies, à qui ils presentent des sacrifices, ils honorent d'vn culte tout particulier, vn genie plus excellent, disent-ils, que les autres, parceque c'est luy qui a fait toutes choses. Ils ont cette passion de le voir, & pour cela ils font de longs ieûnes, esperant que par ce moyen, Dieu se presentera à eux, pendant leur sommeil; s'il arriue, qu'ils l'ayent veu, ils se tiennent heureux, & s'estiment asseurés de viure long temps.

Toutes les nations du Sud ont

ce mesme souhait de voir Dieu; ce qui est sans doute vn grand auantage pour leur conuersion; car il ne reste plus qu'à les instruire de la façon dont on le doit seruir pour le voir & estre heureux.

I'ay icy publié le nom de Iesus-Christ, à quatre vingt personnes de cette nation, & elles l'ont porté, & publié à tout le pais du Sud, auec applaudissement : en sorte que ie peux dire que cette Mission est celle, où i'ay le moins trauaillé, & où il se trouue plus d'effet. Ils honorent chez eux nostre Seigneur, en leur façon, dont ils mettent l'Image que ie leur ay donnée, au lieu le plus considerable, quand ils font quelque celebre festin; & alors le Maistre du banquet, s'adressant à cette Image, c'est en ton honneur, ô Homme-

Dieu, luy disent-ils, que nous faisons ce festin, c'est à toy que nous presentons ces viandes

I'aduouë que c'est là où me paroist le plus beau champ pour l'Euangile. Si i'eussé eû le loisir, & la commodité, i'aurois donné iusques chez eux, pour voir de mes yeux, tout le bien qu'on m'en raconte.

Ie trouue tous ceux que i'ay pratiqués, affables & humains, & l'on dit que quand ils rencontrent quelque estranger, ils font vn cry de ioye, le caressent, & luy rendent tous les témoignages d'amitié qu'ils peuuent. Ie n'ay baptisé qu'vn enfant de cette nation: les seméces de la foy, que i'ay iettées dans leurs ames porteront leurs fruits, quand il plaira au maistre de la vigne les cueillir. Leur païs est chaud, & ils font du bled d'Inde deux fois l'année. Il y a des ſerpents à ſonnette, qui les font ſouuent mourir, faute d'en ſçauoir le contrepoiſon. Ils font grand cas des medicaments, auſquels ils preſentent des ſacrifices comme à de grands genies: ils n'ont point chz eux de foreſt, mais bien de grandes prairies, où les bœufs, les vaches, les cerfs, les ours, & les autres animaux paiſſent en grand nombre.

CHAPITRE XII.

De la Miſſion des Nadoüeſiouek.

CE ſont peuples qui habitent au Couchant d'icy, vers la grande riuiere, nommée Meſſipi. Ils ſont à quarante ou cinquante lieuës d'icy, en vn pais de prairies, abondant en toute ſorte de chaſſe; ils ont des champs, auſquels ils ne ſement pas de bled-d'Inde, mais ſeulement du petun ; la Prouidence les a pourueus d'vne eſpece de ſeigle de marais, qu'ils vont cueillir vers la fin de l'Eſté, en certains petits Lacs, qui en ſont couuerts. ils le ſçauent ſi bien preparer, qu'il eſt fort agreable au gouſt, & bien nourriſſant : ils m'en preſenterent, lorſque i'eſtois à l'extremité du Lac Tracy, où ie les vis. Ils ne ſe ſeruent point de fuſils, mais ſeulement de l'arc & de la fleche, qu'ils tirent auec vne grande adreſſe. Leurs Cabanes ne ſont pas couuertes d'écorces, mais de peaux de Cerfs bien paſſées, & couſuës ſi adroitement que le froid n'y paſſe pas. Ces peuples ſont, par deſſus tous les autres, ſauuages & farouches. Ils paroiſſent interdits & immobiles

mobiles en nostre presence, comme des statuës. Ils ne laissent pas d'estre belliqueux, & ont porté la guerre sur tous leurs voisins, dont ils sont extremement redoutez. ils parlent vne langue entierement estrangere, les Sauuages d'icy ne les entendent point ; Ce qui m'a obligé de leur parler par interprete, qui estant infidelle, ne faisoit pas ce que i'eusse bien souhaité. Ie n'ay pas laissé d'enleuer au demon vne ame innocente de ce pais là. C'estoit vn petit enfant qui s'en alla en Paradis peu aprés que ie l'eus baptisé ; *A solis ortu vsque ad occasum laudabile nomen Domini.* Dieu nous donnera quelque occasion, pour y annoncer sa parole, & glorifier son saint Nom, lorsqu'il plaira à sa diuine Majesté faire misericorde à ces peuples. Ils sont presque au bout de la terre, ainsi qu'ils parlent. Plus loing vers le Soleil couchant, il y a des nations nommées Karezi, au de la desquelles, la terre est coupée e disent-ils, & l'on ne voit plus qu'vn grand Lac, dont les eaux sont puantes : C'est ainsi qu'ils nomment la Mer.

Entre le Nord & le Couchant, se trouue vne nation qui mange la viande crue, se contentant de la tenir à la main, & la presenter au feu. Au de là de ces peuples, se voit la Mer du Nord. Plus en deça sont les Kilistinons, dont les riuieres se deschargent dans la Baye de Hutston; D'ailleurs nous auons connoissance des Sauuages qui habitent les quartiers du Midy, iusqu'à la Mer. En sorte qu'il ne reste que peu de terre, & peu d'hommes, à qui l'Euangile ne soit pas annoncée, si nous adiouſtons foy, à ce que les Sauuages, nous en ont par pluſieurs fois raporté;

CHAPITRE XIII.

De la Miſſion des Kiliſtinonc.

LEs Kiliſtinouc ont leur demeure plus ordinaire ſur les coſtes de la Mer du Nord: ils nauigent ſur vne Riuiere qui va ſe decharger dans vne grande Baye, que nous iugeons bien probablement celle qui eſt marquée dans la Carte, auec le nom du Hutſon; Car ceux que i'ay veu de ce païs, m'ont rapporté qu'ils ont eû connoiſſance d'vn Nauire; & vn vieillard entr'autres me dît qu'il l'auoit veu luy meſme, à l'entrée de la Riuiere des Aſſinipoüalac, peuples alliés des Kiliſtinouc, dont le païs eſt encore plus au Nord.

Il m'adiouſta, qu'il auoit auſſi veu vne Maiſon que les Europeans auoient faite en terre ferme, de planches, & de pieces de bois; qu'ils tenoient entre les mains des Liures, comme celuy qu'il me voyoit, en me racontant cela. Il me parla d'vne autre nation, qui eſt ioignant celle des Aſſinipoüalac, laquelle mange les hommes, & ne vit que de chair crüe: mais auſſi ces peuples ſont reciproquement mangez par des Ours d'vne horrible grandeur, tous roux, & qui ont les ongles prodigieuſement longs; on iuge bien problablement, que ce ſont des Lyons.

Pour les Kiliſtinouc, ils me paroiſſent extremement dociles, & ont vne bonté, qui n'eſt pas commune à ces Barbares. Ils ſont beaucoup plus errants que toutes les autres nations. Ils n'ont point de demeure fixe, point de champs, point de villages. Ils ne viuent que de chaſſe, & d'vn peu d'auoine, qu'ils vont ramaſſer dans des lieux mareſcageux ; Ils ſont idolâtres du Soleil, à qui ils preſentent ordinairement des ſacrifices, attachant vn chien au haut d'vne perche, qu'ils laiſſent ainſi pendu, iuſques à ce qu'il ſoit corrompu;

Ils parlent preſque meſme langue, que ces peuples nommez autrefois Poiſſons-blancs, & les Sauuages de Tadouſſac; Dieu me fait la grace de les entendre, & d'eſtre entendu d'eux ſuffiſamment pour leur inſtruction: iamais ils n'auoient entendu parler de la Foy, & la nouueauté, auec la docilité de leurs eſprits, me les rendoit tres attentifs; Ils m'ont promis de ne rendre plus leurs hommages qu'au Createur du Soleil & du monde; Cette vie errante, & vagabonde qu'ils menent, m'a fait retarder le Baptesme de ceux que ie voyois les plus disposez, & ne l'ay conferé qu'à vne fille nouuellement née.

I'espere que cete Mission produira quelque iour des fruits correspondants aux trauaux qu'on prendra, quand nos Peres iront hyuerner auec eux, comme il font à Quebec, auec les Sauuages de Tadoussac. Ils m'y ont inuité, mais ie ne puis pas me donner tout aux vns, en priuant tant d'autres du secours que ie leur dois, comme estant les moins éloignez d'icy, & les plus disposez à l'Euangile.

CHAPITRE XIIII.

De la Mission des Outébibouec.

LEs François les appellent les ſauteurs, parceque leur pais eſt le ſault, par laquel le Lac Tracy ſe decharge dans le Lac des Hurons. Ils parlent l'Algonquin ordinaire & ſont faciles à entendre; ie leur ay publié la Foy à diuerſes rencontres, mais ſur tout à l'extremité de noſtre grand Lac, où ie demeuray auec eux vn mois entier pendant lequel temps, ie les inſtruiſis de tous nos myſteres, & baptiſay vingt de leurs enfans, & vn adulte malade, qui mourut le lendemain de ſon Bapteſme, allant porter au Ciel les premices de ſa nation.

CHAPITRE XV.

De la Mission des Nipissiriniens, & du voyage du Pere Alloües au Lac Alimibegong.

LEs Nipissiriniens ont autrefois esté instruits par nos Peres qui demeuroient dans le pais des Hurons. Ces pauures peuples, dont bon nombre estoient Chrestiens, ont esté contraints par les Incursions des Iroquois, de se refugier iusques dans le Lac Alimibegong, qui n'est qu'à cinquante ou soixante lieuës de la Mer du Nord.

Depuis prés de vingt ans, ils n'ont veu ny Pasteur, ny entendu parler de Dieu : i'ay cru que ie deuois vne partie de mes trauaux à cette ancienne Eglise, & qu'vn voyage que ie ferois en leur nouueau pais, seroit suiui des benedictions du Ciel.

Ce fut le sixiesme iour de May de cette année 1667. que ie montay en Canot auec deux Sauuages, qui me deuoient seruir de conducteurs pendant tout ce Voyage: En chemin faisant, ayant rencontré vne quarentaine de Sauuages de la Baye du Nord, ie leur portay les premieres nouuelles de la Foy; dequoy ils me remercierent auec quelque ciuilité.

Le dixseptiéme, continuans nostre Voyage, nous trauersons vne partie de nostre grand Lac, nageans pendant douze heures sans quitter l'auiron de la main. Dieu m'assiste bien sensiblement, car n'estant que trois dans nostre Canot, il m'est necessaire de ramer de toutes mes forces, auec les Sauuages, pour ne rien perdre du calme, ſans lequel nous ſerions en grand danger, eſtant tous épuiſez de trauail & de nourriture; nonobſtant quoy nous couchaſmes le ſoir ſans ſouper, & le iour ſuiuant, nous nous contentons d'vn ſobre repas de bled d'Inde auec de l'eau, car les vents & la pluye empeſchoient nos Sauuages de mettre leur rets à l'eau.

Le dixneufuiéme, eſtans inuitez par le beautemps, nous faiſons dix huit lieuës, ramants depuis la pointe du iour, iuſques aprés Soleil couché, ſans relaſche, & ſans debarquer.

Le vingtiéme, n'ayans rien trouué dans nos rets, nous continuons noſtre chemin, en écraſant entre nos dents quelques grains de bled ſec. Le iour d'aprés, Dieu nous rafraichit de deux petits poiſſons, qui nous rendirent la vie. Les benedictions du Ciel augmenterent le iour ſuiuant; car nos Sauuages firent ſi bonne peſche d'eſturgeon, qu'ils furent contraints d'en laiſſer vne partie ſur le bord de l'eau.

Le vingt-troiſiéme, coſtoyans les riues de ce grand Lac, du coſté du Nord, nous allons d'Iſle en Iſle, qui ſont fort frequentes; il y en a vne longue du moins de vingt lieuës, où l'on trouue des pieces de cuiure, qui eſt iugé vray cuiure rouge, par les François qui en ont fait icy l'experience.

Aprés auoïr bien cheminé ſur le Lac, enfin nous le quittons le vingt-cinquiéme de ce mois de May, & nous nous jettons dans vne Riuiere, pleine de rapides & de ſaults, en ſi grand nombre que nos

Sauuages meſmes n'en pouuoient plus ; & ayant appris que le Lac Alimibegong eſtoit encore gelé, ils prirent volontiers le repos de deux iours auquel la neceſſité les obligeoit.

A meſure que nous approchions du terme, nous faiſions de temps en temps, rencontre de quelques Sauuages Nipiſſiriniens, qui s'ecartent du lieu de leur demeure, pour chercher à viure dans les bois; En ayant ramaſſé vn aſſez bon nombre, pour la Feſte de la Pentecoſte, ie les preparay par vne longue inſtruction, à entendre le ſaint ſacrifice de la Meſſe, que ie celebray dans vne Chapelle de fueillages: ils l'entendirent auec autant de pieté & de modeſtie, que font nos Sauuages de Quebec, dans noſtre Chapelle de Sillery; & ce me fut le plus doux rafraiſchement que i'aye eû pendant ce Voyage, & qui a entierement eſſuyé toutes les fatigues paſſées.

Ie dois icy rapporter vne choſe remarquable, qui s'eſt paſſée il n'y a pas long temps. Deux femmes, la mere, & la fille, ayants toûjour s eu recours à Dieu depuis qu'elles ont eſté inſtruites, & en ayant receu des ſecours continuels & extraordinaires, ont tout fraichement éprouué, que Dieu n'abandonne iamais ceux qui ont confiance en luy. Elles auoient eſté priſes par les Iroquois, & s'eſtoient heureuſement échappées des feux, & des cruautés de ces Barbares: Mais peu aprés, elles tomberent vne ſeconde fois entre leurs mains, ce qui leur oſta toute eſperance de pouuoir échapper;

Neantmoins vn iour ſe voyants ſeules, auec vn ſeul Iroquois, qui eſtøit reſté pour les garder, pendant que les autres eſtoient à la chaſſe; la fille dît à ſa mere, que le temps eſtoit venu de ſe deffaire de ce garde, pour s'enfuir. Pour cela elle demande à l'Iroquois vn couſteau, pour trauailler ſur vne peau de Caſtor, qu'elle auoit commandement de paſſer; & en meſme temps, implorant le ſecours du Ciel, elle le plonge dans le ſein de l'Iroquois; la mere ſe leue de ſon coſté, & luy décharge vne bûche ſur la teſte, & le laiſſent pour mort. Elles prennẽt des prouiſions, ſe mettent en diligence en chemin, & enfin ſe rendent heureuſement en leur païs.

Nous fûmes ſix iours à n ager d'Iſle en Iſle, pour chercher quelque iſſuë, & enfin apres bien des detours, nous arriuaſmes le troiſiéme iour de Iuin, à la bourgade des Nipiſſiriniens. Elle eſt compoſée de Sauuages, la pluſpart idolatres, & de quelques anciens Chreſtiens. I'en ay trouué vingt entr'autres, qui faiſoient profeſſion publique du Chriſtianiſme. Ie ne manquay pas d'employ enuers les vns, & les autres, pendant quinze iours, que nous reſtâmes chez eux; & i'y trauaillay autant, que me le permit ma ſanté ruinee par les fatigues du chemin. I'y ay troué plus de reſiſtance que par tout ailleurs, à baptiſer les enfans: mais plus le Diable forme d'oppoſitions, plus faut-il. s'efforcer à le confondre. Ie crois qu'il ne ſe plaiſt gueres à me voir faire ce dernier voyage, qui eſt prés de cinq cens lieuës de chemin, tant pour aller que pour reuenir, y compris les detours, que nous auons esté obligez de prendre.

CHAPITRE XVI.

Retour du Pere Claude Alloüés à Quebec, & son depart pour remonter aux Outaoüacs.

PEndant les deux années, que le Pere Alloüés a demeuré parmy les Outaoüacs, il a pris connoissance des façons de faire, de toutes les nations qu'il a veuës, & a soigneusement estudié les moyens qui peuuent faciliter leur conuersion. Il y a de l'employ pour vn bon nombre de Missionnaires, mais il n'y a pas dequoy les faire subsister; On y vit d'escorces d'arbres, vne partie

partie de l'année, vne autre partie d'arreſtes de poiſſon broyées, & le reſte du temps, de poiſſon ou de bled-d'Inde, quelquefois peu, & quelquefois en aſſez grande quantité. Le Pere a appris par ſon experience, que les fatigues eſtans grandes, les trauaux continuels, & la nourriture tres-petite, vn corps meſme de bronze n'y peut pas reſiſter; Que pour ce ſujet, il eſt neceſſaire, d'auoir ſur les lieux des hommes de courage, & de pieté, qui trauaillent à la ſubſiſtance des Miſſionnaires, ſoit par la culture de la terre, ſoit par l'induſtrie de la peſche ou de la chaſſe; qui y faſſent quelques logements & y dreſſent quelques Chapelles, pour donner de la veneration à ces peuples, qui n'ont iamais rien veu de plus beau, que leurs cabanes d'eſcorce.

Dans ces veuës, le Pere se resolut de venir luy mesme à Quebec, pour trauailler à l'execution de ces desseins.

Il y arriua le troisiéme iour d'Aoust de cette année 1667. & aprés y auoir seiourné deux iours seulement; il fit telle diligence, qu'il se mit en estat de partir de Montreal, auec vne vingtaine de canots de Sauuages, auec lesquels il estoit descendu, & qui l'attendoient en cette Isle là, auec grande impatience.

Son equïpage estoit de sept personnes, le Pere Louys Nicolas, auec luy, pour trauailler conioinctement à la conuersion de ces peuples; & vn de nos freres, auec quatre hommes, pour s'employer sur les lieux à leur subsistance. Mais Dieu a voulu que le succés de cette entreprise ne corespondist pas aux beaux desseins qu'on auoit ; car quand il a esté question de monter le Canot, les Sauuages se sont trouuez en si mauuaise humeur, que les seuls Peres, auec vn de leurs hommes, y ont trouué place; mais si depourueus de viures, d'habits, & de toutes les autres choses necessaires à la vie, qu'ils auoient preparées, & qu'on ne pût embarquer, qu'on doute raisonnablemen s'ils pourront paruenir iusques au païs; où y estans paruenus, s'ils y pourront subsister long temps.

Chapitre XVII.

De la Mission des Papinachiois & de celle du Lac saint Iean.

Les Missions des Papinachiois, & des Sauuages du Lac S. Iean vers Tadouſſac, ont eû tous les ſuccés qu'on peut deſirer : le Pere Henry Nouuel, qui en eſt le Paſteur, a paſſé vne partie de l'Hyuer auec ceux-cy, & de l'Eſté auec les autres. Il a baptiſé leurs enfans au nombre de vigt ſept, & a cultiué ces Egliſes errantes auec bien de la ioye, les voyant paſſer leur vie dans les bois, auec tant de pieté, & d'innocence.

Entre pluſieurs choſes extraordinaires & dignes de remarque, qui ſe ſont paſſées dans ces Miſſions, je n'en rapporte que deux, qui montrent les ſoins paternels, que la Diuine prouidence prend du ſalut eternel & temporel de ces pauures Sauuages.

L'vne eſt touchant vn Neophite Papinachois, à qui la crainte de l'Iroquois auoit arraché du cœur, la fidelité, qu'il deuoit à ſon Bapteſme. Il ſe laiſſa perſuader, que s'il conſultoit le Demon par ſes anciennes iongleries, il ſe rendroit imprenable à ſes ennemys: Il le fait; & comme les premieres fautes ne ſont pas ordinairement ſeules, il adiouſta le concubinage à ſon infidelité. Mais il ne fut pas longtemps ſans reſſentir le remords que deux pechés de cette nature doiuent produire. C'eſtoit vn ennemy domeſtique, qui luy donnoit plus de peine incomparablement, que celle qu'il apprehendoit de la part des Iroquois; mais qui le fit tomber heureuſement entre les mains du Pere, qui le voyant ſi fortement touché, le reconcilia à Dieu & à l'Egliſe.

La gueriſon de ſon ame fut ſuiuie d'vne maladie corporelle, qui le mit bien bas. Le Demon prit alors ſon temps, & pendant le fort de ſon mal, l'attaqua ſi viuement, que ſi le Pere ne fuſt ſuruenu, lors qu'il eſtoit aux priſes auec le malin eſprit, il eſtoit en danger de ſuccomber. Il reſiſte done à toutes ſes attaques, & pour rendre ſa victoire plus remarquable, il fait allumer du feu prés de ſoy, & en preſence de quantité de Sauuages qui eſtoient à genoux, autour de luy; y fit ietter tous les inſtruments Diaboliques, dont il s'eſtoit ſerui dans ſes iongleries. Alors le Demon fit vn effort plus grand ſur le malade, & comme s'il euſt voulu poſſeder ſon corps, il luy fit enfler l'eſtomac, & faire des contorſions de membres tout extraordinaires. Ces efforts croiſſoient à meſure que brûloient ces meubles d'enfer ; on prie pour luy comme pour vn agonisant, & vn Energumene tout ensemble. Le Demon est contraint de ceder à la force des prieres, & dés le lendemain, le malade se trouuant parfaittement gueri, fut cause par ses exhortations, de la conuersion d'vn sien parent, qui l'ayant imité dans son infidelité, le suiuit dans sa penitence.

La seconde chose remarquable est touchant vne famille de Papinachois, toute Chrestienne depuis assez longtemps, & composée de cinq personnes seulement. Comme ils estoient dans les bois, pour chercher à viure, ils furent inopinément attaquez par dix Iroquois. Le mari n'ayant eû que le loisir de prendre sur ses espaules son fils aisné, agé de huit ans, s'enfuit accompagné d'vne de ses filles, assez grande pour le ſuiure : La mere fut la proye de ſes vaultours, auec vn enfant à la mamelle.

Cette priſe quoique peu conſiderable, leur donna neantmoins ſujet de chanter victoire pendant deux iours, obligeant cètte pauure captiue, ſelon leur coutume barbare, à chanter auec eux, pour en faire leur diuertiſſement.

Aprés ces premieres reſiouiſſances, la faim les diſſipe & les contraint de s'eſcarter qui çà, qui là, pour ſe nourrir plus ayſement par leur chaſſe.

Noſtre captiue, qui ſe voyoit tres eſtroittement garrottée, eſtoit inconſolable ſur ſon malheur, & ſur celuy de ſon enfant qu'elle voyoit pleurer entre les bras d'vn autre Sauuage ; quand voyla, que tout d'vn coup, elle ſe vit éleuée en l'air par vne vertu inconnuë, par laquelle ses liens ayant esté relaschez au grand estonnement des ses gardes, elle fut transportée bien loin, & mise en lieu de seureté; d'où il luy fut facile d'aller par terre à l'endroit, où ils auoient mis leur Canot en reserue; elle s'y embarqua aussi-tost, & ioignit peu apres son mari & ses parents.

Le Pere à qui elle a fait tout ce recit, eût de la peine à la consoler sur la perte de cét innocent, qui estoit resté seul entre les mains des Iroquois; quoy qu'il luy dist que s'ils le faisoient mourir, ils luy procureroient vne vie eternellement heureuse, puisqu'il estoit baptisé; que s'ils le conseruoient, il y auoit esperance de le retirer des mains de ces Barbares; puisque les armes du Roy les auoient obligés à venir nous rechercher de paix, & qu'elle estoit concluë depuis ce temps là.

CHAPITRE XVIII.

Du Restablissement des Missions des Iroquois.

LEs expeditions militaires qui furent faites, l'an passé, dans le païs des Iroquois, Anniehronnons, y ont laissé tant de terreur, que ces Barbares sont venus, cét Esté, nous solliciter de la paix, auec grand empressement, & mesme nous ont amené quelques-vnes de leurs familles, pour seruir d'ostage, & se rendre caution de la fidelité de leurs compatriotes.

Ils representerent entr'autres choses, que tous leurs desirs estoient d'auoir chez eux quelques-vns de nos Peres pour cimenter la paix,& pour imiter ceux des leurs,qui pendant vne année de detention à Quebec, auoient esté instruits, & dont dix-huit auoient receu le saint Baptesme.

Monsieur de Tracy, voyant à ses pieds ces barbares si humiliés, leur declara qu'encor qu'il pust les ruiner entierement, comme ils pouuoient bien le iuger par la derniere destruction de leurs Bourgades, il auoit neantmoins la bonté de leur conseruer leur terre, mesme leur donner les Peres qu'ils demandoient, afin que rien ne manquast à l'affermissement de la paix.

On ietta les yeux sur le Pere Iacques Fremin, & le Pere Iean Pierron pour les Missions d'Agnié, & sur le Pere Iacques Bruyas pour celle d'Onneoiout; trois autres Peres se tenans tous prets pour celles d'Onnontae, d'Oiogoën & de Sonnontoüan, ſi toſt que les deputés de ces nations, ſe ſeront rendus icy pour ce ſuiet, ainſi qu'ils l'ont promis.

Les trois Peres ſuſdits ayant receu la benediction de Monſieur l'Eueſque de Petrée, touſiours embrazé d'vn zele tout particulier, pour le ſalut des Iroquois, partirent de Quebec dans le mois de Iuillet dernier, auec les Ambaſſadeurs Anniehronnons, & Onneiochronnons, & s'eſtans rendus au fort de ſainte Anne, à l'entrée du Lac Champelain, ils y apprirent qu'vne troupe de cinquante à ſoixante Mahingans, Sauuages, que nous appellons les Loups, eſtoient en embuſcade dans le Lac, pour ſe ietter ſur ces Ambaſſadeurs Iroquois, contre leſquels ils ſont en guerre.

Ce fut vn retardement fâcheux, à des perſonnes qui n'aſpiroient qu'apres ces cheres Bourgades, pour planter la Foy en ces terres des-ja arrouſées du ſang des premiers de nos Peres, qui y ont eſté ou tourmentez cruellement, ou maſſacrés.

Ils furent donc arreſtez plus d'vn mois en ce dernier fort, pour donner temps aux ennemis de ſe diſſiper : mais ce delay fut inutile; & il fallut s'expoſer au danger euident, commençant ainſi cette Miſſion également perilleuſe & laborieuſe.

Nous n'auons encor rien apris de ce qui s'y eſt paſſé; mais ſi Dieu donne ſa benediction à ces entrepriſes, nous verrons renaiſtre les Egliſes Huronnes & Iroquoiſes, que nous auons cultiuées ſi long-temps, & nous n'aurons qu'à aller receuillir les fruits des trauaux que nous auons employez pour l'instruction de ces pauures barbares.

Ce ſont de nouuelles Miſſions, qui s'ouurent de tous coſtez, à l'Orient, à l'Occident, au Septentrion, au Midy. Nous leuons les mains au Ciel, afin qu'il nous enuoye du ſecours, de ces grands cœurs, dignes de viure dans les trauaux; & d'y mourir, meſme au milieu des flammes, & des braſiers des Iroquois. C'eſt l'vnique attrait que ie preſente aux ames Apoſtoliques; qu'elles viennent en ce bout du monde, y répandre leurs ſueurs, & leur ſang, pour le ſalut de tant d'ames abandonnées de tout ſecours humain, depuis la creation du monde; & pour leſquelles toutefois Ieſus-Chriſt a répandu ſon ſang, & a donné ſa vie, autant que pour les Grecs, & les Romains. Nous auons ces dernieres années, receu vn notable renfort de perſonnes choiſies, dont les employs auroient eſté aſſez conſiderables en France; mais qui trouuent en Canada dans vne vie cachée, parmy les bois, les rochers, & les neiges, parmy la faim, le fatigues, & l'eſpuiſement de toutes leurs forces, plus de conſolation en vn iour, qu'ils n'en auoient gouſté toute leur vie. C'eſt vne douce ioye, dans vn heureux abandonnement preſque de toutes choſes, de penetrer le ſens de ces paroles de l'Apoſtre, *Mortui eſtis, & vita veſtra abſcondita eſt cum Chriſto, in Deo.* Vous menez vne vie mourante, dans cette vie cachée en Dieu, auec Ieſus Chriſt. C'eſt la roſée du Ciel que Dieu leur donne: Mais ie ne puis me dispenser de donner aduis à ceux que Iesus-Christ trouuera dignes de cooperer au salut de tant d'ames par leurs charités, qu'il seroit souhaitable que ces nouuelles Missions trouuassent quelques secours. Ainsi sans quitter la France, on se rendroit Missionnaire, au milieu d'vn païs barbare, pour en faire vn païs chrestien. *Fiat fiat.*

CHAPITRE DERNIER.

AVant que de clore cette Relation, i'y ioindtay vn recit tres veritable, & dont les tesmoignages sont publics, qui m'a esté mis en main par M. Thomas Morel Prestre Missionnaire, du Seminaire estably à Quebec par M[r] l'Euesque.

Recit

Recit des merueilles arriuées en l'Eglise de sainte Anne du petit Cap, Coste de Beaupray, en la Nouuelle France.

CE recit porte le nom de merueilles, & non de miracles, afin de ne contreuenir en rien aux ordres de la Sainte Eglise, qui deffend de qualifier ces choses extraordinaires, de ce nom de miracles, iusqu'à ce qu'elle en aye fait le iugement.

Comme Dieu a tousiours choisi quelques Eglises specialement entre les autres, où par l'intercession de la sainte Vierge, des Anges & des Saints, il ouure largement le sein de ses misericordes, & fait quantité de miracles, qu'il n'opere pas ordinairement ailleurs. Il semble aussi qu'il a voulu choisir en nos iours l'Eglise de sainte Anne, du petit Cap, pour en faire vn azile fauorable, & vn refuge asseuré aux Chrestiens de ce nouueau monde; & qu'il a mis entre les mains de cette sainte, vn thresor de graces, & de benedictions, qu'elle depart liberalement à ceux qui la reclament deuotement en ce lieu. C'est asseurement pour cette mesme fin, qu'il a imprimé dans les cœurs vne deuotion singuliere, & vne confiance extraordinaire en la protection de cette grande sainte; ce qui fait que les peuples y recourent dans tous leurs besoins, & qu'ils en reçoiuent des secours tres signalés, & tres extraordinaires; comme nous le voyons dans les merueilles qui s'y sont operées depuis six ans. Ce n'est pas mon dessein de les raporter icy toutes, mais seulement quelques vnes des plus conſiderables, pour ſatisfaire à la pieté des perſonnes qui l'ont ſouhaitté de moy. Ie le fais d'autant plus volontiers, qu'ayant eſté teſmoin oculaire, ou tres bien informé de ces choſes, ie les diray auec plus de certitude.

I

En l'année 1662. Marie Eſter Ramage, agée de 45. ans, femme d'Elie Godin, de la Paroiſſe de ſainte Anne du petit Cap, eſtant demeurée depuis dix huit mois, toute courbée, en ſorte qu'elle ne pouuoit aucunement ſe redreſſer, & qu'elle eſtoit obligée de ſe traiſner, comme elle pouuoit, auec ſon baſton, ſans eſperance de pouuoir iamais recouurer par les remedes humains ſa ſanté; ſe ſouuint de ce que ſon mary luy auoit dit; qu'en ſa presence, Louis Guymond, de la mesme Paroisse, auoit esté soudainement gueri d'vne grande douleur de reins, en mettant par deuotion trois pierres, aux fondements de l'Eglise de sainte Anne, que l'on commençoit de bastir. Alors elle reclama la Sainte, la priant de faire sur elle vn miracle, comme elle auoit fait sur cet homme: à mesme temps, s'oubliant de son baston, qui disparut, elle se trouua sur ses pieds toute droitte, marchant auec autant de facilité qu'elle eust iamais fait; & toute estonnée d'vn changement si subit, elle commence à rendre graces à sainte Anne, du bien fait qu'elle venoit de receuoir, & du depuis elle est restée en parfaite santé. Ce miracle a beaucoup serui à confirmer dans la foy toute cette famille, qui auoit long temps vescu dans la religion pretenduë reformée.

II.

En la mesme année, le 26. de Iuillet, Feste de la glorieuse sainte Anne, Nicolas Droüin, agé de 14. ans, fils de Robert Droüin, de la Paroisse du Chasteau Riché, coste de Beaupray, estant affligé du mal caduc, qui le mettoit souuent en danger de perir, ou par le feu, ou dans les eaux, tombant comme mort au lieu où il s'en trouuoit surpris, se voüa à sainte Anne, & commença vne neufuaine en son honneur, suiuant le conseil que ie luy en donnay, & à ses parents, qui me le demandoient; & par ce moyen il recouura sa santé: & estant du depuis parfaittement gueri de son infirmité, il continuë tous les ans, auec ses parents, de rendre ses actions de graces à sainte Anne, le iour de sa Feste, en son Eglise du petit Cap.

III.

L'année 1664 Margueritte Bire, femme de Mathurin Roy, habitant de Quebec, s'estant rompu vne jambe, & les os diuisez en quatre, n'ayans peu estre reunis; elle estoit demeurée estropiée depuis huit mois, sans pouuoir aucunement marcher, & sans esperance de le pouuoir aucunement à l'aduenir; car tel estoit le sentiment des Chirurgiens. C'est ce qui l'obligea de recourir à Dieu, auec confiance, par l'intercession de sainte Anne : Elle commença pour cét effet vne neufuaine, se confessa generallement, & ayant fait vœu de visiter tous les ans vne Eglise ou Chapelle dediée en l'honneur de ſainte Anne, elle ſe fit porter le iour de ſa Feſte en ſon Egliſe du petit Cap; où aſſiſtant à la Meſſe, elle ſe ſentit fortifiée au temps de l'Eleuation ; & en ſuite quand il fallut aller à la ſainte Communion , elle quitta ſes potences, marchant vers l'Autel : & comme le peuple la vouloit ſoûtenir, elle dît, j'iray bien toute ſeule, la bonne Sainte m'a fortifiée & fait miracle ſur moy, graces à Dieu; il y a huit mois que ie n'en auois autant fait. Depuis ce temps-là elle ne s'eſt plus ſeruie de potences, & a pû librement vaquer à ſon ménage, & elle continuë tous les ans de rendre ſon vœu à Sainte Anne.

IV.

Elie Godin âgé de cinquante ans, de la Parroiſſe de ſainte Anne, eſtant malade d'vne hydropiſie formée, à laquelle les remedes ne pouuoient apporter aucun ſoulagement, penſoit à ſe diſpoſer à la mort, & me fit appeller, pour luy donner le ſaint Viatique: alors ie luy dy, qu'il euſt recours à la ſainte Vierge, & à ſainte Anne; & apres l'auoir diſpoſé, ie m'en allay à l'Egliſe, dire la ſainte Meſſe à ſon intention; d'où reuenant pour le communier, il me dît d'vn viſage ſerain: Monſieur, ie ſuis guery, permettez moy de me leuer; pendant que vous eſtiés à l'Egliſe, comme ie diſois mon Chappelet, ie me ſuis doucement endormy, & i'ay veu pendant mon ſommeil, deux venerables Dames, qui ſe ſont approchées de moy, & dont l'vne tenoit en ſa main vne boëtte, qu'elle a ouuerte, où i'ay veu dedans vn chemin fort long, & fort eſtroit, qui conduiſoit au Ciel : à cette veüe ie me ſuis trouué tout rempli de conſolation, & tout ſoulagé de mon mal. En effet apres la ſainte Communion, il rend graces à Dieu, ſe leue, s'en va à l'Egliſe, & auant que d'auoir acheué ſa neufuaine, il fut en eſtat de trauailler, comme auant ſa maladie.

V.

Iean Adam, âgé de 23. ans, de Brinon l'Archeueſque, petite ville au Dioceſe de Sens, le 24. de Mars 1665. ſe ſentit tout en vn inſtant, comme frappé de deux coups d'alênes, dans les deux* yeux, ne voyant plus que fort peu ; & dans quelques iours deuint entierement aueugle, & demeura en cét eſtat iuſques au mois de Iuin, où il fit vœu de dire neuf fois ſon Roſaire en l'honneur de ſainte Anne, d'aller visiter son Eglise du petit Cap. Il fit encore vn pareil vœu à Nôtre Dame de Lorette en Italie; apres quoy il fut conduit à sainte Anne, où le Prestre, disant apres la Messe l'Euangile de sainte Anne sur luy, il vit par trois diuerses fois fort distinctement, mais d'vne veuë seulement passagere & momentanée, en sorte toutefois qu'il pût aisement discerner la couleur des ornements qu'il n'auoit iamais veus, & se sentit poussé d'vne viue esperáce, que trois iours apres, qui estoit la fin de sa neufuaine, il recouureroit entierement la veuë; ce qu'il declara hautement, & ce qui arriua, comme il l'auoit dit: car le troisiéme iour, lors qu'on disoit pour luy la Messe en l'Eglise du College des Reuerends Peres de la Compagnie de Iesus à Quebec, il sentit comme ſi on luy euſt donné derechef deux coups d'alêne, dans les deux yeux, qui ietterent quelques gouttes d'eau, & en ſuitte il apperceut à l'Eleuation, la ſainte Hoſtie, entre les mains du Preſtre ; & du depuis il a l'vſage de la veuë plus parfait, qu'il ne l'auoit eu auant cét accident.

VI.

En l'année 1667. le 29. de Iuin, Iean Pradere, âgé de 22. ans, de la ville & Archeueſché de Thoulouſe, ſoldat du Regiment de Carignan, eſtant frappé de deux infirmitez, dont l'vne eſtoit mortelle, & l'autre incurable, eut pendant vne nuit vn ſentiment extraordinaire, & entendit vne voix qui luy dît, que s'il plaiſoit à Dieu luy donner la ſanté, ce ſeroit vn grand bien pour luy, de ſe donner pour toute ſa vie au seruice des malades de l'Hospital, où il estoit pour lors ; il y consent volontiers, & demeure dans vne ferme esperance qu'il gueriroit, nonobstant vne apostume qu'il auoit dans l'estomac, qui luy causoit vn hocquet, qui ne presageoit qu'vne mort prompte & asseurée. En effet on luy donna l'Extreme-onction, iugeant qu'il alloit bien tost mourir : Dieu neantmoins le deliura de ce premier danger, en peu de temps ; mais pour le second, on luy declara qu'il n'y auoit aucuns remedes humains à faire, & qu'il falloit auoir recours à Dieu, qui seul le pouuoit guerir. Car il auoit perdu l'vsage, & le sentiment d'vne iambe depuis six mois ; en sorte qu'il ne sentoit ny les coups dont il la frappoit, ny les incisions qu'il y faiſoit, en ſe panſant ſoy-meſme, non plus que ſi elle euſt eſté morte. Se voyant en cét eſtat, ſans rien diminuer de ſa confiance, il prend reſolution d'aller à ſainte Anne du petit Cap, à ſix lieuës de Quebec, pour y faire vne neufuaine, & obtenir par l'interceſſion de cette glorieuſe Sainte, la ſanté qu'il eſperoit. Il commence donc ſa neufuaine & ſes prieres, ſouffre de grandes tentations & peines d'eſprit, pendant les premiers iours, iuſques au cinquiéme, qui eſtoit la feſte des glorieux Apoſtres ſaint Pierre, & ſaint Paul; auquel iour eſtant au pied de l'Autel de ſainte Anne, il ſentit en ſa iambe de tres grandes douleurs, & notamment tous les coups dont il l'auoit frappée, pendant qu'elle eſtoit inſenſible; en ſuitte il ſe laiſſa aller comme à vn-

doux ſommeil ; dont reuenant à ſoy, il ſe ſentit plein d'vne extreme conſolation, & il apperceut ſur ſa iambe vne ſueur dont elle eſtoit trempée, & de là s'exhaloit vne odeur ſi ſuaue, qu'il n'auoit iamais rien ſenti de pareil. Auſſi-toſt aprés il voit ſa iambe ſans aucune humidité, & auſſi parfaitement reſtablie, que s'il n'y auoit iamais eu de mal. Il rend graces à Dieu, & à ſainte Anne, de la faueur qu'il venoit de receuoir par ſon interceſſion ; il quitte ſes potences, & marche maintenant auec autant de facilité, qu'il ait iamais marché, non ſans l'admiration de ceux qui connoiſſoient ſon incommodité, & iugeoient qu'il eſtoit auſſi difficile de le guerir, que de reſuſciter vn mort; mais l'vn & l'autre eſt facile à Dieu à qui rien n'eſt impoſſible.

Outre les merueilles que ie viens de rapporter, il y en a beaucoup d'autres, dont i'ay connoiſſance, & que ie touche ſeulement en general, diſant que grand nombre de perſonnes s'eſtant voüées à ſainte Anne, ont eſté ſecouruës miraculeuſement; les vnes ayant euité la mort, le Canot s'eſtant reuerſé ſur eux; les autres ayans fait naufrage dans des Chalouppes, ceux-cy & ceux là ſe voyans reduits dans vn extreme peril de la vie; d'autres ont gueri de diuerſes maladies, où les remedes humains eſtoient impuiſſants. Les femmes enceintes ont experimenté des ſecours extraordinaires dans des couches dangereuſes; les enfans affligez de faſcheuſes deſcentes, ont eſté gueris. Pluſieurs trouuent en ce lieu ſoulagement en leurs infirmitez, y reclamant ſainte Anne auec deuotion & confiance. Ce qui me paroist neantmoins de plus considerable parmy toutes ces faueurs, ce sont les graces tres puissantes que Dieu a donnés par l'intercession de cette sainte, à plusieurs pecheurs pour leur conuersion à vne meilleure vie. Ayant depuis cinq ou six ans fait les fonctions curiales en cette Eglise, i'en ay connu plusieurs à qui ce bonheur est arriué; Mais ces faueurs se passans entre Dieu & l'ame au secret du cœur, elles ne se connoistront bien que dans l'eternité.

De si heureux commencements nous font esperer, que Dieu par l'intercession de sainte Anne, comblera en ce saint lieu de mille benedictions, tout ce nouueau païs. Plaise à sa bonté que nos pechez n'en arrestent pas le cours.

FIN.

LETTRE

DE LA
REVERENDE MERE
SVPERIEVRE

Des Religieuſes Hoſpitalieres de Kebec en la Nouuelle France.

Du 20. Octobre 1667.

LETTRE

DE LA REVERENDE Mere Superieure des Religieuſes Hoſpitalieres de Kebec en la Nouuelle France.

Du 20. Octobre 1667.

*A Monſieur * * * Bourgeois de Paris.*

MONSIEVR,

Noſtre Seigneur ſoit la recompenſe eternelle de toutes vos charitez. Les premiers vaiſſeaux ne nous ayant point apporté de vos nouuelles, nous en eſtions toutes fort en peine; nous ne ſçauions à quoy attribuer ce ſilence, veu que perſonne ne nous mandoit qu'il pût eſtre cauſé par l'accident que nous craignons le plus, mais par la grace de Dieu, les derniers vaiſſeaux nous ont tiré d'inquietude: Nous auons receu vos Lettres auec vne joye d'autant plus grande que nous les ſouhaittiõs depuis long-temps; Nous auons auſſi receu les effets continuels de voſtre Charité; Ie vous en rend mil actions de graces en mon particulier, & par ma plume mes chers Sœurs & nos pauures malades vous en remercient tres-humblement, il ne tiendra ny à eux ny à nous que vous ne ſoyez bien haut dans le Ciel. Si nous pouuions vous témoigner noſtre gratitude par quelque autre moyen plus efficace que nos prieres, nous ne perdrions point d'occaſion de vous la faire connoiſtre. Noſtre

Hoſpital a eſté durant toute cette année remply de malades à l'ordinaire , ſans ceux qui ſont ſuruenus extraordinairement, ie croy que s'il eſtoit plus grand , nous en aurions encore dauantage : Vous ſçauez , Monſieur , que nous n'auons du fond que pour défrayer vn fort petit nombre de Pauures , & nous en auons ordinairement cinq ou ſix fois plus ; le Canada n'eſt plus comme il eſtoit, il ſe peuple beaucoup, & en meſme temps le nombre des malades s'augmente : Nous aurions beſoin d'vne plus grande maiſon : Car outre que nous n'auons point de place pour loger tant de perſonnes, nous ne pouuons les ſeruir comme nous deſirons. Le dernier nauire ſeul nous a fourny vingt-quatre hommes & ſeize filles malades , ſans ceux des autres vaiſſeaux qui eſtoiẽt dés-jà arriuez, & ceux du Païs qui viennent tous les jours, nous les receuons tous du mieux que nous pouuons : mais nous ne ſerons point en eſtat d'augmenter noſtre baſtiment que nous n'ayons vn fond plus conſiderable pour nourrir les Pauures: Car à la reſerue des Charitez que vous nous procurez, nous n'en receuons aucune ; C'eſt de quoy i'ay ſouuent entretenu Monſieur l'Intendant, qui admire la perſeuerance de voſtre bonté pour cette maiſon ; Nous ſommes tout à fait heureuſes de le poſſeder icy, le Roy ne pouuoit pas nous enuoyer vne perſonne plus capable, & qui eût plus d'affection pour noſtre Hoſpital : il eſt fort perſuadé auſſi bien que toutes les perſonnes de condition qui ſont en ce Païs, que c'eſt la choſe la plus vtile que l'on pouuoit faire en Canada, que d'y eſtablir vn lieu pour le ſoulagement des Pauures malades, ils en font vne experience continuelle tant pour les soldats que pour toute autre sorte de personnes, & quelquefois mesme des Officiers qui ne trouuent point ailleurs la commodité d'estre assistez dans leurs maladies, s'estiment bienheureux de rencontrer dans nostre maison tous les secours qu'ils peuuent souhaiter ; Car par la grace de Nostre Seigneur, nous tâchons de ne refuser nos seruices à personne, nous en voyons des effets si peu attendus, au moins pour le salut des ames, que cela nous fait ambitionner de n'espargner ny nos biens si nous en auions, ny nos soins & nos trauaux pour le soulagement de tout le monde : il ne meurt ou ne sort aucun de nostre Hospital sans donner des preuues d'vne veritable conuersion ; il est arriué dans le dernier vaisseau vn Huguenot malade, qu'vn chacun tenoit pour le plus obſtiné du monde dans ſon erreur, cependant ſa maladie l'obligea de ſe faire apporter chez nous, où il ne fut pas trois jours ſans faire abjuration de ſon Hereſie ; ſon mal s'augmentant, il demanda auec inſtance ſes derniers Sacremens, & aprés auoir receu le Saint Viatique, Monſieur du Douyt tres-digne Eccleſiaſtique du Seminaire de Monſeigneur noſtre Eueſque luy ayant dit qu'il falloit remercier Dieu des grandes miſericordes qu'il en auoit receu, il reſpondit, qu'il en auoit tant de reconnoiſſance qu'il n'en pouuoit contenir ſa joye, que c'étoit la Sainte Vierge qui luy auoit procuré la grace de ſe conuertir, parce que tout Huguenot qu'il eſtoit, il l'auoit toûjours honorée & eſtimée, & puis produiſit des actes de foy & d'amour auec vn zele & vne ferueur si extraordinaire, que cela a fait juger qu'il y auoit quelque chose de bien particulier dans cette Conuersion, il mourut deux jours aprés dans les sentimens d'vn veritable penitent : il se passe bien des choses considerables dans nostre pauure maison qui feroient de gros volumes : mais il suffit qu'elles soient escrittes dans le Liure de Vie. Nous jouïssons presentement d'vne paix entiere auec les Iroquois, Dieu reseruoit l'accomplissement de cette grande affaire au courage de Monsieur de Traçy, & de Monsieur le Gouuerneur, qui n'ont rien espargné pour procurer ce bonheur à tout le Païs, nous leur en serons eternellement redeuables ; C'est le moyen d'ouurir la porte de l'Euangile à toutes les Nations Superieures, vous en verrez les belles esperances dans la Relation qu'on enuoye en France, c'eſt pourquoy ie ne vous en entretiens pas, ie me contenteray de vous dire, que le Canada eſt tout à fait changé depuis que ces Meſſieurs y ſont. Nous autres qui l'auons veu dans les commencemens, ne le reconnoiſſons preſque plus. Ie continuë de vous enuoyer le memoire de nos plus preſſantes neceſſitez, ie vous prie de faire voſtre poſſible auprés des perſonnes charitables qui ſe ioignent auec vous pour nous ſecourir, afin que nous ayons tout ce que nous y demandons, & meſme plus ſi vous pouuez, parce que nous l'auons fait le plus court que nous auons pû, & puis toutes choſes nous manquent: ie vous recommande ſur tout de la toille ou des draps faits, & des ſeruiettes auec de la vaiſſelle. Vous voyez, Monſieur, auec quelle confiance ie vous découure nos beſoins, mais Noſtre Seigneur vous ayant donné vn cœur de pere pour nous, nous agiſſons pareillement auec vous d'vne filiale cordialité, qui me fait dire que ie ſuis de tout mon cœur,

MONSIEVR,

Voſtre tres-humble & tres-obeïſſante ſeruante en Noſtre Seigneur, Sœur Marie de S. Bonauenture de IESVS Superieure indigne.

De l'Hoſtel-Dieu de Kebec, le 20. Octobre 1667.

MESSIEVRS ET DAMES qui auront la bonté de faire quelques charitez & aumosnes des Drogues & autres choses specifiées au Memoire cy-aprés escrit, sont priez de les enuoyer chez Monsieur Cramoisy Imprimeur ordinaire du Roy, Bourgeois de Paris, demeurant ruë S. Iacques, ou de l'en faire auertir, & il ne manquera de les enuoyer querir.

MEMOIRE DE CE QVI EST necesſaire pour l'Hoſpital de Kebec de la Nouuelle France, pour leur pouuoir eſtre enuoyez au mois de Feurier & Mars 1668. au plus tard.

SIX liures de Sené.
Trente liures de bonne Therebentine.
Quatre liures de Manne.
Quatre liures de Theriaque fine.
Vne liure de Canelle.
Vne liure de Giroffe.
Six liures de Poivre.
Vne liure de Poivre long.
Vne liure de Muſcade.
Onguent Martiatum.
Onguent Diuin.
Onguent Manus Dei.
Cire Blanche pour des Onguents.
Cire Iaune pour des Onguents.
Du Sucre.
De la Caſſonnade pour les compoſitions & les Sirops.
De la toille pour faire des Draps, des Chemiſes & Seruiettes, ou,
Du linge tout fait.
Vne douzaine d'Aſsiettes d'Eſtain.

Deux douzaines de Saußieres d'Estain.
Six douzaines de Cuillieres d'Estain.
Six Chopines d'Estain.
Du fil blanc à coudre.
Deux douzaines de Peignes pour les malades.
Six Peignes de corne pour démesler.
Deux Rames de Papier fin.
Vne Rame de Papier broüillart.
Des Cierges pour l'Autel.
Six Bouquets de fleur pour l'Hyuer.
Deux Tableaux dorez.
Vn petit Reposoir de bois doré pour exposer le tres-saint Sacrement.
Six bons Cousteaux de Cuisine.
De petites & grandes Lardoires.
Boettes de Confitures seiches pour les Pauures malades.
Deux peaux de Chien Marin.
Des cordes de boyaux pour vn Tour.
Des Chappelets.
Des Espingues pour les malades.
De la cire d'Espagne.
Des Plumes.
Vne Rame de Papier fin assez grand.
Des petits Liures de Deuotion.

www.ingramcontent.com/pod-product-compliance
Lightning Source LLC
LaVergne TN
LVHW011957220826
846092LV00001B/197

* 9 7 8 2 3 2 9 8 1 4 7 1 1 *